Le journal d'Aurélie Laflamme, Championne

tome 5

De la même auteure

Les aventures d'India Jones, Les Éditions des Intouchables, 2005

Le journal d'Aurélie Laflamme, Extraterrestre… ou presque !, Les Éditions des Intouchables, 2006

Le journal d'Aurélie Laflamme, Sur le point de craquer !, Les Éditions des Intouchables, 2006

Le journal d'Aurélie Laflamme, Un été chez ma grand-mère, Les Éditions des Intouchables, 2007

Le journal d'Aurélie Laflamme, Le monde à l'envers, Les Éditions des Intouchables, 2007

Le journal d'Aurélie Laflamme, Championne, Les Éditions des Intouchables, 2008

Le journal d'Aurélie Laflamme, Ça déménage !, Les Éditions des Intouchables, 2009

Le journal d'Aurélie Laflamme, Plein de secrets, Les Éditions des Intouchables, 2010

Le journal d'Aurélie Laflamme, Les pieds sur terre, Les Éditions des Intouchables, 2011

India Desjardins

Le journal d'Aurélie Laflamme

Championne

5

LES INTOUCHABLES

LES ÉDITIONS DES INTOUCHABLES
5, rue Sainte-Ursule
Québec, Québec
G1R 4C7
Téléphone : 1-418-692-0377
Télécopieur : 1-418-692-0605
www.lesintouchables.com

DISTRIBUTION : PROLOGUE
1650, boul. Lionel-Bertrand
Boisbriand, Québec
J7H 1N7
Téléphone : 1-450-434-0306
Télécopieur : 1-450-434-2627

Impression : Imprimerie HLN
Conception et illustration de la couverture : Josée Tellier
Illustrations intérieures : Josée Tellier
Infographie : Geneviève Nadeau et Paul Brunet
Photographie de l'auteure : Patrice Bériault

Les Éditions des Intouchables bénéficient du soutien financier du gouvernement du Québec par l'intermédiaire de la SODEC et du Programme de crédit d'impôt pour l'édition de livres et sont inscrites au Programme de subvention globale du Conseil des Arts du Canada.

Nous reconnaissons l'aide financière du gouvernement du Canada par l'entremise du Fonds du livre du Canada (FLC) pour nos activités d'édition.

Société de développement des entreprises culturelles Québec

Conseil des Arts du Canada

Dépôt légal : 2013
Bibliothèque et Archives nationales du Québec
Bibliothèque et Archives Canada

ISBN : 978-2-89549-655-7
978-2-89549-656-4 (ePUB)
978-2-89549-657-1 (ePDF)

À mes Champions et Championnes.

Merci à :

Papa, Maman, Gina, Patricia et Jean.

Mélanie Robichaud, Mélanie Beaudoin, Maude Vachon (et père), Nadine Bismuth, Mélanie Campeau, Nathalie Slight, Michelle-André Hogue, Julie Blackburn et Emily Brunton.

Sonia Sarfati.

Patrick Senécal.

Josée Tellier.

Ingrid Remazeilles.

Michel Brûlé, Mylène Des Cheneaux, Geneviève Nadeau, Emilie Bourdages, Judith Landry.

Annie Talbot, Élyse-Andrée Héroux.

Théo Lepage-Richer.

Christian Laurence.

Simon.

Merci aussi à Arielle, Naomie, Katia, Marie-Laure, Catherine, Daphné-pas-de-e, Xavyer, et à tous ceux et celles qui m'envoient de bonnes idées !

Janvier

Flotter sur un nuage

Vendredi 5 janvier

Tout va bien ! (Si je n'étais pas devenue hyper prudente face au réchauffement de la planète et que je n'avais pas le souci de sauver des arbres, je remplirais cette page de points d'exclamation pour illustrer la réelle intensité de mon bonheur.) Tout va tellement bien que je me demande si ça se peut de se sentir si heureuse ! À un point tel que je n'ai absolument rien à raconter. Rien. Je fais maintenant partie de la catégorie des gens heureux qui n'ont pas d'histoire. Je fais partie d'une catégorie de gens. Moi ! Ça, c'est quelque chose de nouveau dans ma vie. Moi qui me sens si souvent comme si des extraterrestres m'avaient oubliée sur Terre après un voyage intergalactique (oui, oui, à part le fait qu'E.T. soit vraiment laid, je me suis longtemps identifiée à ce personnage. Dommage, car tant qu'à m'identifier à un personnage de film, j'aurais préféré me reconnaître dans un personnage *féminin* qui embrasse soit Chad Michael Murray, soit Daniel Radcliffe, soit Zac Efron, mais bon, tout ça, c'est du passé maintenant que je fais partie d'une catégorie de gens ! Wouhouuuu !).

Ce matin, quand je me suis réveillée, j'ai allumé ma nouvelle télé. (Celle que j'ai eue pour

Noël de la part de ma mère, pour mettre dans ma chambre. Je l'ai placée juste en face de mon lit, ce qui est très pratique.) Et je suis tombée pile sur le vidéoclip que je voulais voir! Ce vidéoclip est super bon! Mais je ne sais pas de quel groupe il est, car chaque fois que je le vois, je manque le moment où ils annoncent le nom du groupe, et quelque chose me distrait toujours au moment où réapparaît le nom, vers la fin du vidéoclip. (Seul défaut: la fille du vidéoclip a une poitrine pas mal généreuse et parfaite, et ce n'est pas représentatif de toutes les filles dans la vraie vie, mais c'est un goût bien personnel...) Bref, j'attends toujours avec impatience les vidéoclips de ce groupe (pas les seins, eux, je les attends depuis mes onze ans et ils ne se sont toujours pas pointés...) Et quand j'ai appuyé sur le bouton «*on*» et que le vidéoclip que je voulais voir est apparu à l'écran, j'ai su que ce serait une journée formidable. Que la vie me donnait exactement ce que je voulais au moment où je le voulais. Ouuuuh! Quel pouvoir!

9 h 54

Au moment précis où, j'en suis sûre, j'allais enfin voir apparaître le nom dudit groupe à la télé, ma mère est entrée en trombe dans ma chambre pour m'annoncer que j'avais rendez-vous chez le dentiste aujourd'hui.

Bon, évidemment, tout ne peut pas toujours se passer sans anicroche dans la vie des gens-heureux-qui-n'ont-pas-d'histoire. Ça se peut que, dans la vie de ces gens-là (desquels je fais partie), il y ait des petits désagréments, comme se faire déranger au moment où on va apprendre le nom de notre nouveau groupe préféré de l'univers et/ou être obligée d'aller chez le dentiste.

C'est peut-être, si je puis me permettre une petite critique de ma vie présente absolument parfaite, un petit désavantage causé par les vacances qu'a prises ma mère durant le temps des fêtes. Elle voulait absolument qu'on règle tout avant son retour au travail et mon retour en classe. « Tout » signifie : dentiste pour moi, gynécologue pour elle, épicerie pour nous, etc, etc. Ça signifie également qu'elle a insisté pour qu'on fasse un gros ménage de la maison. Et qu'elle m'a obligée à faire celui de ma chambre. Et maintenant que c'est propre, j'ai de la difficulté à m'y retrouver. J'ai tenté de lui expliquer ma théorie du chaos organisé (théorie : je me retrouve dans mon propre chaos, car j'ai un système de non-rangement que je comprends parfaitement et, quand je fais le ménage, je cherche mes choses), mais elle m'a simplement regardée en me répondant que c'était illogique (selon sa logique à elle, ai-je pensé sans rien dire) et que je ne m'en sortirais pas. Et ma menace de contacter la DPJ ne l'a pas du tout inquiétée, car elle s'est mise à rire en me disant de les appeler, et qu'ils seraient sûrement d'accord avec elle s'ils venaient visiter ma chambre. (Pfffff ! S'ils sont d'accord avec ma mère, c'est que leur titre de « protection de la jeunesse » est total inadéquat.)

Mais bon, cette critique est bien minime, car nous avons vraiment eu du plaisir pendant le temps des fêtes, et loin de moi l'idée d'éclipser tout ça.

Nous avons tout d'abord fêté Noël chez ma grand-mère Laflamme, la mère de mon père. Celle-ci m'a fait un cadeau fabuleux. Elle m'a donné des photos de mon père pour qu'on crée ensemble un *scrapbook* de sa vie. Je ne me suis pas découvert une passion pour le *scrapbooking* comme tel, mais je dois avouer que j'ai réalisé (avec l'aide de ma grand-mère, de ma mère et de son chum, François) le plus beau *scrapbook* du monde!

On a découpé les photos de mon père, nous les avons placées et nous avons mis plein de décorations autour. C'est étrange qu'une chose réalisée en l'honneur de quelqu'un de décédé soit si vivante. C'est François qui a lancé cette remarque. Et j'étais bien d'accord avec lui. Ce commentaire m'a d'ailleurs fait énormément réfléchir. Et prendre la décision suivante: j'ai envie de garder l'image de mon père vivant. Comme je l'ai toujours fait. Refusant de m'attarder à la tristesse que m'a causée son départ.

C'est pourquoi, d'un commun accord, ma grand-mère, ma mère et moi avons jeté à la poubelle toutes les photos où il était dans sa tombe, et celles des funérailles. Au début, François se demandait si nous allions le regretter, mais ma grand-mère, ma mère et moi avons pensé que nous ne le regretterions pas.

C'est aussi pour cette raison que, lorsque ma grand-mère m'a proposé d'aller déposer des fleurs sur la tombe de mon père (ce que je n'ai pas fait depuis sa mort, c'est-à-dire il y a six ans, bientôt sept) dans le cimetière de l'église, juste en face de chez elle, j'ai refusé. Ça ne représente rien pour moi, une pierre tombale. Ce n'est qu'une roche. Mon père était plus que ça. Et il l'est encore. Il est un souvenir. Et même si avant je minimisais l'importance de ce mot, j'en ai compris toute la signification en bricolant le *scrapbook*. Et les images de lui qu'on a choisies sont tellement belles ! Souvent, on tourne les pages et on éclate de rire tellement notre montage est rigolo.

Quand nous faisions le *scrapbook*, ma mère riait et trouvait plein d'idées. C'était la première fois que je la voyais comme ça depuis le décès de mon père. Elle ne pleurait pas. Son cou ne rougissait pas. Elle qui a toujours pleuré et refusé d'aborder le sujet, elle racontait maintenant des anecdotes savoureuses que je ne l'avais jamais entendue raconter.

Par exemple celle-ci : ils étaient en voyage en Floride, avant que je vienne au monde. À un moment donné, ils sont passés près d'un arbre que mon père trouvait original par sa forme et il a demandé à ma mère de le prendre en photo, accoté sur l'arbre. Le temps que ma mère prenne la photo, des centaines de fourmis avaient grimpé sur mon père qui a bondi loin de l'arbre en gesticulant pour les repousser. L'arbre en était envahi ! Et ils ont eu un des plus gros fous rires de leur vie ! HAHAHAHAHAHAHAHA ! Super drôle ! Ç'aurait été total mon genre ! (J'ai demandé à ma mère pourquoi elle n'a pas pris en photo mon père avec les fourmis et elle a dit qu'elle en était incapable, car elle riait trop.)

Et ce n'est pas la seule anecdote à laquelle j'ai eu droit. J'en ai entendu plein ! C'était, disons, magique.

14h 50

Je suis allongée sur une chaise de dentiste. L'hygiéniste dentaire me gratte vigoureusement les dents avec un pic, éclairée par une lampe au faisceau beaucoup trop lumineux, pendant que, dans la salle d'à côté, un instrument émet le son « zouiiii, zouiiiiii », ce qui m'écorche le tympan.

Nous avons attendu une heure. Et j'ai été obligée de lire de vieilles revues plates, à moitié déchirées. Je déteste aller chez le dentiste (pas à cause des magazines, mais surtout parce que ce n'est pas, disons, une activité agréable). En plus, je trouve que leurs instruments, ça goûte aigu. (Personne ne comprend mon expression, mais c'est quand la langue touche à quelque chose en métal et que ça fait grimacer.) En plus, les hygiénistes dentaires sont toujours bêtes avec moi. Elles m'engueulent toujours parce que je ne passe pas assez la soie dentaire, et blablabla. Et j'ai toujours des caries.

14 h 52

Hygiéniste dentaire: Tu as passé un beau temps des fêtes?

Ça, c'est un autre problème. On nous fait la conversation alors qu'on a la bouche grande ouverte avec plein d'instruments dedans. Je me force à répondre un son qui veut dire oui:

– Woaé.

Si je n'avais pas ses doigts dans ma bouche, j'aurais pu lui répondre quelque chose de plus élaboré. Genre, je suis allée chez ma grand-mère Laflamme. Ensuite, je suis allée visiter mes grands-parents Charbonneau. Et nous sommes allés dans la famille de François. J'aurais pu lui parler de ma relation avec François, dont je me suis toujours méfiée, le jugeant diabolique, mais que j'ai appris à connaître et que je trouve finalement bien correct. Mais bon, je dois avouer que trois Noëls, j'ai trouvé ça assez épuisant… Nous sommes revenus à la maison hier et je compte bien me reposer en fin de semaine.

Mais je ne peux rien lui dire de tout ça, ce serait un peu trop compliqué, vu l'indisponibilité de ma langue et l'impossibilité de refermer ma bouche pour faire les lettres b, f, i, m, p et v.

Hygiéniste dentaire : C'est bien, ça. À ton âge (elle regarde mon dossier) – tu as quinze ans, c'est ça ? – tu dois avoir un petit chum, n'est-ce pas ?

Je lui lance un regard sans lui répondre. Pourquoi les adultes s'entêtent-ils tous à ajouter le qualificatif « petit » quand ils veulent nous demander si on a un chum ? Pire encore, pourquoi veulent-ils *connaître* ce détail de ma vie privée (pas que mon chum soit petit ou non, mais que j'aie ou non un chum, point) ? Honnêtement, c'est extrêmement énervant et ça me fait encore plus grincer des dents que le « zouiii, zouiii » de l'instrument qui provient de la salle d'à côté.

Bon, ce n'est absolument pas de ses affaires, mais en ce qui concerne ma vie amoureuse, tout va bien. (Ouiiiiiiiiiii !) Avant les fêtes, je me suis beaucoup rapprochée de mon ex, Nicolas, avec qui je suis maintenant amie. D'ailleurs, pendant le temps des fêtes, on s'est écrit quelques courriels (strictement amicaux) pour se souhaiter joyeux Noël (amicalement).

Et puis, oui, j'ai un peut-être-chum, Iohann. Bon, on ne se l'est pas dit comme tel, mais on s'est appelés souvent pendant le temps des fêtes, et il me dit toujours des choses gentilles (ouuuuhhhhh). Avant les fêtes, on s'est embrassés.

Ce qui est étrange, c'est que j'ai cru, en début d'année scolaire, qu'il était taxeur. Pfff! C'était vraiment stupide de ma part, mais c'est ma mère qui m'avait mis ces idées dans la tête! Quand j'ai changé d'école, parce que mon école privée a fermé faute d'un nombre d'inscriptions suffisant, pour une école publique, ma mère a commencé à angoisser et à penser que je pourrais être victime d'intimidation ou de taxage de la part de certains élèves. Et Iohann m'a volé un chandail, me poussait dans les cases et tout, et j'ai confondu ses méthodes de séduction (peu orthodoxes, j'en conviens) avec du taxage. Dah! Vraiment *twit*! Surtout qu'il m'avait volé mon chandail pour qu'il lui porte chance pendant ses parties de soccer (trop *cuuuuute*). Mais bon, je n'avais pas compris jusqu'à ce qu'il me le dise. (J'avoue que je ne serais jamais arrivée à cette conclusion toute seule, sans explication de sa part... Le monde masculin est encore rempli de beaucoup trop de mystères pour moi.)

Bref, pendant le temps des fêtes, il m'a appelée super souvent. C'est très différent d'avec mon ex, Nicolas. Lui aussi, il m'avait embrassée avant les fêtes (c'était l'an passé, mon premier baiser, auquel je repense parfois avec certains soupirs...), mais on n'avait pas échangé nos numéros de téléphone et il ne m'avait pas appelée pendant les vacances. On s'était croisés par hasard et c'est moi qui l'avais appelé (après qu'il m'a donné son numéro, mais c'est *moi* qui l'avais appelé pareil). Cette année, en allant à la même école que lui, j'ai découvert que notre histoire n'avait pas grand-chose de spécial pour lui, car il a, disons, l'*amouromètre* qui vibre souvent. (Traduction : il passe d'une blonde à l'autre dans un temps record.)

Comme je ne suis revenue de mon marathon de Noël que depuis hier, je n'ai pas encore revu Iohann, mais je suis supposée le voir demain. En fait, ce n'est pas un rendez-vous à proprement parler, mais il m'a dit qu'il avait une partie de basket-ball (il joue au soccer *et* au basket, top sportif et cool !) et je lui ai dit que j'irais. Kat a accepté de m'y accompagner.

– Aowwww !

L'hygiéniste dentaire, qui gratte mes dents avec un petit instrument pointu, vient de me faire extrêmement mal à la gencive ! Dire que j'accepte de me faire faire ça volontairement ! (Supplice imposé par ma mère, précisons-le.) Je lui lance un regard menaçant.

Hygiéniste dentaire : Tiens, mords là-dedans. (Elle me met un tube dans la bouche pour aspirer la salive, puis recommence avec son pic.) Tu ne te passes pas la soie dentaire comme je te l'ai dit la dernière fois ?

Moi : Euh… ch'est pwas vhwai.

Pourquoi les hygiénistes dentaires posent-elles des questions pendant qu'on est dans une position où il est absolument impossible de parler ?

Hygiéniste dentaire : Je t'ai dit de passer la soie plus souvent. Ça t'éviterait d'avoir une aussi grande accumulation de tartre. Tu devrais peut-être t'acheter une brosse à dents électrique. Ça nettoie beaucoup plus en profondeur et ça évite plein de problèmes comme la plaque, le tartre et les caries.

Moi : Woui mwais pwouwqhoi ils vwendwent lwes autwes d'wabwowd ?

Hygiéniste dentaire : Quoi ?

Moi : Pwouwqwoi ils vwendwent les autwes d'wabwowd ?

Hygiéniste dentaire : Quoi ?

Elle enlève l'instrument de ma bouche.

Moi : POURQUOI ILS VENDENT LES AUTRES SORTES DE BROSSES À DENTS D'ABORD ?!!!!!!!

Hygiéniste dentaire (en remettant l'instrument dans ma bouche et en continuant son travail) : Du calme. Ils les vendent parce que la brosse à dents électrique est méconnue, certaines personnes ne savent pas l'utiliser ou n'aiment pas les vibrations.

Moi : Jhe n'waime pwas les vhibwations.

Hygiéniste dentaire : Bon. Il faudra que tu passes plus souvent la soie dentaire, alors. Au moins une fois par jour.

Moi : Une fwois paw jouw ? Pewshonne ne fhait çsha !

Je repousse sa main pour pouvoir lui parler en émettant tous les sons possibles que peut faire une bouche.

Moi : En fait, quand je passe la soie dentaire tous les jours, j'ai l'impression qu'il n'y a rien sur la soie. C'est un peu… démotivant. Mais quand j'attends une semaine, il y a des trucs sur la soie, alors j'ai l'impression que ça en vaut la peine.

Hygiéniste dentaire : Ouach !

Moi : Ben là, tu le fais tous les jours, toi ?

Hygiéniste dentaire : Absolument ! Même quand je reviens chez moi à deux heures le matin !

Moi (perplexe) : Est-ce que t'es obligée de dire ça parce que tu travailles pour un dentiste ?

L'hygiéniste dentaire secoue la tête (est-ce que ça veut dire que j'ai raison ? que j'ai tort ? ou que ma question ne vaut pas une réponse ? Impossible de deviner), me fait rouvrir la bouche et continue de gratter mon tartre. Puis, elle ajoute :

– Si tu veux avoir des dents en santé, tu devras le faire.

Note à moi-même : Mettre les doigts dans la bouche de quelqu'un pour l'empêcher de parler est une bonne façon d'avoir le dernier mot. M'en souvenir (même si j'aurais l'air complètement étrange si j'utilisais ce truc dans la vie de tous les jours).

14 h 57

L'hygiéniste m'enlève toujours du tartre et nous sommes silencieuses depuis une minute lorsque j'ajoute :

– Mhais si jhamais jhe vwais, mettwons, en cwamping ?

Hygiéniste dentaire : Euh…

Moi : Est-ce qwe les ghens en cwamping she passhent la shoie dentwaiwe ?

Hygiéniste dentaire : Eh bien, écoute, tu n'es peut-être pas obligée d'apporter ta soie dentaire si tu vas en camping.

Moi: Mais shi jhe vais en cwamping pendhant, djhiswons, dweux shemaines?

Hygiéniste dentaire: Tu aimes beaucoup le camping, hein, toi?

Moi: T'hes-thu malhadwe? J'hawis çha, le cwamping!

Hygiéniste dentaire: Ben utilise la soie dentaire, d'abord!

Après ça, elle a complètement arrêté de me parler. Et elle me faisait tellement mal avec son pic que j'avais envie de la mordre. Surtout que j'étais dans la position idéale. Sauf que, si je la mordais, elle pourrait se défendre avec le pic. Hum... Mauvais plan.

15 h 15

Après cette douloureuse épreuve, je rencontre le dentiste. Un homme grisonnant, qui a des yeux bleus, porte un sarrau et a les dents vraiment trop blanches. (Je suis certaine qu'elles sont fluorescentes dans le noir.) Ma mère est à côté de moi.

Dentiste: Bonjour, Aurélie. Donc, j'ai su que ton hygiène dentaire laissait à désirer?

Moi: Ben là! Franchement! Exagération totale!

Dentiste: Il va falloir qu'on se revoie parce que tu as une carie.

Moi: Est-ce que c'est nécessaire qu'on prenne rendez-vous cette année? Je crois que je préférerais attendre une avancée technologique. Genre un liquide qui ferait disparaître la carie, ou encore un laser. Parce que, honnêtement, il y a des avancées technologiques dans *tous* les domaines, mais j'ai l'impression qu'au niveau dentaire, c'est assez lent. Pas fort. En tout cas, vu qu'il n'y en a pas eu depuis… vraiment longtemps… je préférerais attendre parce que ça doit être sur le point de sortir. Je le sens.

Je vois ma mère qui regarde l'hygiéniste dentaire en levant ses épaules comme pour lui indiquer qu'elle n'est pas responsable de mes paroles.

Pendant que le dentiste me parle sans que j'écoute vraiment, l'hygiéniste dentaire fouille dans un tiroir et sort une brosse à dents (non électrique) et deux boîtes de soie dentaire (ce que je trouve semi-agressif).

Moi: Si vous trouvez que la brosse à dents électrique est plus efficace que n'importe quelle brosse à dents, pourquoi vous donnez une brosse à dents non électrique en cadeau?

Hygiéniste dentaire: On aime ça que nos clients reviennent. Tu vas d'ailleurs revenir souvent si tu n'utilises pas ta soie dentaire.

Je lui crie (strictement télépathiquement) que je la déteste. Je crois qu'elle me répond (toujours télépathiquement) que c'est réciproque.

Pendant qu'une image de moi avec les dents jaunes et noires commence à me hanter, l'hygiéniste dentaire explique à ma mère que je dois absolument passer la soie dentaire plus souvent, ou du moins avoir une bonne hygiène, à cause de mon pH salivaire qui serait plus acide que la moyenne ou quelque chose du genre.

15 h 45

Dans l'auto, avec ma mère.

Je passe ma langue sur mes dents qui sont très douces.

Ma mère: Tu as compris ce qu'elle a dit? J'espère que tu vas passer la soie dentaire plus souvent.

Moi: Arrêtez de capoter avec votre soie dentaire! C'est beau, là! J'ai compris.

Ma mère: Comme ça, tu as la salive acide...

Moi: Hé! C'est pas de ma faute, hein! C'est toi qui m'as faite! T'avais rien qu'à pas me mettre au monde si t'étais pour te plaindre que j'avais de la salive acide et que ç'allait te coûter cher en soins dentaires à cause de ça! J'ai ton ADN, tu sauras! C'est génétique, ces choses-là!

Ma mère (en riant): On ne s'énerve pas, miss. Je faisais des blagues! (Elle me regarde.) De toute façon, d'après ce que j'ai compris, ce n'est pas en soins dentaires que ça va me coûter cher, mais en *soie* dentaire. Hahaha!

Moi: ARRRRRRGGGGGGHHHHH!

Ma mère rit aux larmes (vraiment, je trouve qu'elle est un public facile pour ses propres blagues), mais (même si je suis semi-insultée) la voir rire comme ça m'influence moi-même à rire.

Note à moi-même: À l'avenir, ne plus associer le plaisir de tomber sur un bon vidéoclip avec la certitude que ce sera une journée parfaite.

Note à moi-même nº 2: Dans la vie, tenter de trouver une cause ayant un peu plus d'envergure que celle de convaincre les gens de se passer la soie dentaire, style paix dans le monde, écologie ou justice sociale.

À l'agenda (urgent) : Tenter de révolutionner le monde avec de nouvelles technologies plus avancées dans le domaine des soins dentaires.

Samedi 6 janvier

Il neige, il neige, il neige. Étrange, car, depuis hier, aucune neige n'était encore tombée depuis le 13 novembre et tout avait par la suite fondu. Il faut croire que tous les efforts que nous avons faits (et par « nous », j'entends les êtres humains, quoique je n'exclue aucunement les extraterrestres – s'ils existent, ils ont peut-être fait des efforts eux aussi, c'est juste que, puisque la technologie ne nous permet pas d'avoir des contacts avec eux, on ne sait pas *exactement* quels efforts ils ont pu faire) pour contrer le réchauffement de la planète ont enfin porté fruit ! Fiou ! On l'a échappé belle !

11 h 34

J'ai appelé Tommy pour savoir s'il voulait venir voir la partie de basket avec Kat et moi, mais son père m'a dit qu'il ne revenait que demain de chez sa mère (qui habite super loin). J'ai ensuite appelé Jean-Félix (le meilleur ami de Tommy avec qui on se tient depuis que Kat et moi allons à la même école qu'eux) pour l'inviter à se joindre à nous, mais il avait un truc familial. Il a raccroché en me disant : « À lundi » et ça m'a fait un « scouic » dans le ventre de penser que les vacances se terminent déjà demain.

14 h 01

Kat est venue me rejoindre chez moi pour aller à la partie de basket. Elle a dit qu'elle faisait ça pour moi, parce que ça ne la fait pas trop triper de regarder du basket (bon, moi non plus, mais Iohann joue et je dois bien partager les intérêts de mon futur-peut-être-déjà-chum).

Nous arrivons dans le gymnase de l'école et Kat me dit :

– En tout cas, j'espère que tu le sais que je fais ça pour toi. Venir à l'école deux jours avant que ça recommence… La fin de semaine, en plus !

Moi : Merci… T'es ma *best* !

14 h 15

Un peu plus loin de nous, on voit trois filles qui se parlent en rigolant. C'est Frédérique Lalonde, Nadège Potvin-Martineau et Roxanne Gélinas, des amies de Iohann.

Frédérique est blonde avec de grandes mèches roses. Nadège a les cheveux noirs, avec des yeux bruns et un air dur, tandis que Roxanne a les cheveux roux (la seule des trois qui a sa couleur naturelle). Ces trois filles ont un super beau style vestimentaire. Je les regarde et je me sens un peu mal habillée. Pour une partie de basket-ball, j'ai opté pour un look assez relax, tandis que ces filles se sont vraiment bien habillées (ce que j'aurais peut-être dû faire, je regrette un peu…).

Moi : Elles ont l'air cool, les amies de Iohann.

Kat : Tu trouves ? Bof… des perruches, selon moi !

Moi : Hein ?

Kat : Ben de la couleur, des sons aigus, pas grand-chose dans le crâne.

Moi : T'as la *switch* à *bitch*.

Kat : Bof, moi, le monde qui se pense bon, ça m'énerve. Depuis qu'on est arrivées, elles n'arrêtent pas de nous regarder, de se dire des choses et de partir à rire.

Moi : On n'est pas dans un film ultracliché, Kat. Ça doit être une coïncidence. Il doit y avoir une pancarte drôle derrière nous.

Je regarde et je ne vois que des bancs et une affiche du party d'Halloween qui n'a pas été décrochée.

Kat : Jean-Félix a déjà été ami avec Nadège et il dit qu'en deuxième secondaire, quand elle a rencontré cette gang-là, elle l'a laissé tombé.

Moi : Poche.

Kat : Au moins, nous, on est des vraies *best forever and ever*.

Moi : Oui. Ça ne pourrait jamais nous arriver.

Je repense à la seule chicane que Kat et moi avons eue. C'était l'an dernier. J'avais révélé (devant un public restreint, seulement parce que j'étais hyper fière d'elle et que ça m'avait échappé) que Kat était bonne au *Dance Dance Revolution* parce qu'elle avait pratiqué sur le jeu *Britney Spears Dance Beat* sur son PlayStation. Comme elle m'avait spécifiquement demandé de ne rien dire à ce sujet, elle avait été fâchée que je révèle cette information de nature top-secrète. Kat a toujours eu des « règles » (que je trouve un peu trop exagérées), un code de conduite à observer devant les gars, différent de ce qu'on est entre nous, pour ne pas qu'ils nous prennent pour des twits. Et le *Britney Spears Dance Beat* est un jeu « honteux » selon elle, donc seulement moi pouvais être au courant de la présence de ce jeu dans sa maison. Heureusement, nous nous sommes réconciliées. Car Kat est ma meilleure amie. Et maintenant, même si je trouve qu'un secret ne mérite pas d'être un secret, je reste muette. C'est sacré.

N'empêche, ces trois filles ont l'air vraiment cool. Elles sont hyper populaires à l'école et doivent avoir une super belle vie, vraiment remplie. Elles ont plein d'amis. Tout le monde les aime. Elles ne passent jamais inaperçues. Tout le monde les remarque à l'école. Ça doit être spécial, cette impression que tout le monde te connaît et que ceux qui ne te connaissent pas veulent te connaître.

14 h 23

Kat : Est-ce que Iohann va venir te voir avant la partie ?

Moi : Euh… Je ne sais pas.

Kat : Est-ce qu'il t'a invitée ?

Moi : Ben… il a dit qu'il avait une partie. Ce n'était pas une *invitation* comme telle.

Kat : Sortez-vous ensemble ?

Moi : Je ne pense pas. On s'est embrassés, puis il m'a appelée quelques fois. Mais… on n'a pas eu le temps de se voir et on n'a pas reparlé de… T'sais.

Kat (qui pointe vers la droite) : Il est là !

Iohann arrive dans le gymnase, vêtu de bermudas et d'un t-shirt avec le nom de l'école inscrit au dos.

Moi (un peu excitée, en chuchotant à l'oreille de Kat) : Fais semblant de rien.

Kat (en chuchotant) : Ben là, on est une quinzaine d'élèves assez fous pour venir à l'école avant la fin des vacances, le reste, ce sont juste des parents. Désolée de te décevoir, mais c'est difficile d'avoir l'air de faire semblant de rien.

Moi : Fais semblant que je te raconte une blague super drôle.

Kat : Hein ?

Moi : Ris ! ! ! ! !

Kat se met à rire trop fort. Frédérique, Nadège et Roxanne se tournent vivement vers nous et je me rentre la tête dans les épaules.

Iohann arrive près de moi.

Lui : Allô.

Moi : Allô.

Lui : Cool que tu sois venue.

Moi : Ouain, cool.

Et ceci, aussi nul que cela puisse paraître, a été l'essentiel de notre conversation avant qu'il ne rejoigne son équipe pour le début de la partie.

14 h 45

Pendant la partie, je fais une liste de tout ce que j'aurais pu répondre d'intelligent à « Cool que tu sois venue ».

« J'adore le basket, j'ai bien hâte de voir tes talents ! » (Cela aurait pu être suivi d'un clin d'œil coquin.)

« Ça me fait plaisir ! C'est important d'encourager l'équipe de l'école ! » (Cela aurait pu être suivi d'un pouce en l'air.)

« J'espère que tu vas être bon et que je ne me suis pas déplacée pour rien. » (Hihi ! j'aurais jamais dit ça !)

15 h 23

Dans le gymnase, je n'ai d'yeux que pour Iohann. Il se déplace gracieusement, vole le ballon aux autres joueurs, fait et rate quelques paniers. Il est grand, il court. Je remarque que lorsqu'il se déplace sur le terrain et qu'il zigzague entre les autres joueurs en driblant le ballon, derrière ses genoux, il a des tendons tendus. Je trouve ça sexy. J'ai l'impression que mes yeux envoient des faisceaux de lumière vers lui. Je n'ai jamais trop tripé sur le sport, mais regarder une partie ne m'a jamais semblé aussi, disons, intéressant.

Kat (en se penchant vers mon oreille) : Est-ce qu'on s'en va bientôt ? C'est plate.

Au même moment, les trois filles éclatent d'un rire beaucoup trop aigu, et Kat me regarde en disant :

– Je te le dis, des perruches.

Moi : Arrête, elles ont du fun !

Kat : Tu dis ça juste parce que ce sont les amies de ton nouveau chum.

Moi : Chuuuut ! Je ne sais pas si on sort ensemble.

Kat : En tout cas, j'espère qu'on ne sera pas toujours pognées pour venir regarder du basket.

Elle ajoute qu'elle préfère faire du sport plutôt qu'en regarder. Je ne sais pas trop quoi répondre, car, pour ma part, je n'aime ni l'un ni l'autre. Je fais du sport par obligation, à l'école. Et même à l'école, je me suis rebellée contre les sports traditionnels et j'ai proposé que mon prof intègre de nouvelles façons de bouger, et il a trouvé l'idée tellement bonne qu'on a commencé à faire du yoga.

16 h

Plan élaboré par Kat et moi : Aller voir Iohann pour le féliciter après la partie (même si son équipe a perdu).

16 h 04

Je l'attends à la sortie du gymnase. Lorsque je le vois, je lui lance :

– Félicitationnnns.

Iohann : On a perdu…

Moi (qui repense à ses tendons tendus) : Oui, mais… t'as bien joué.

Iohann : Bof, j'aurais pu faire mieux…

Bon, peut-être que le plan de féliciter quelqu'un qui perd n'était pas le meilleur plan du monde, finalement.

Iohann (qui continue après un petit malaise de ma part) : C'est parce que je t'ai redonné ton chandail. (Et il sourit, wouahhhhh !) Demain, j'ai quelque chose avec ma famille.

(Pourquoi il dit ça ? Pour me montrer qu'il a un horaire chargé ? Pour se penser bon ?)

Moi : Ah. Moi aussi, mon horaire, ouf… Top rempli.

Iohann : On se voit à l'école lundi ?

Moi : Euh… ben… oui.

Dimanche 7 janvier

Je suis en train de passer le balai en écoutant de la musique et en m'imaginant en train de danser avec le prince William. (Évidemment, cette image m'amuse énormément, car je ne sais pas si le prince William danserait avec quelqu'un qui tient un balai.)

Je trouve que les relations amoureuses se compliquent en vieillissant (pas parce que les gars ne veulent pas danser avec des filles passant le balai, aucun rapport). Je me souviens qu'au primaire Sébastien Boudreault m'avait demandé d'être sa blonde à la récréation et j'avais dit oui et pouf, en deux secondes c'était fait et on sortait ensemble. (Bon, j'admets que notre relation s'est terminée aussi vite qu'elle avait commencé quand j'ai appris qu'il avait demandé la même chose à six autres filles pendant cette même récréation. En fait, je n'ai jamais pris la peine de lui dire que notre relation était terminée, car je croyais que ça allait de soi. Alors, techniquement, est-ce que je sors toujours avec Sébastien Boudreault ? Hum…)

Depuis que j'ai, disons, ouvert mon cœur à l'amour, je suis une fille différente. Je suis gnagna. Je me pose des questions nounounes et relativement stressantes. Pour Noël, Iohann m'a redonné le chandail qu'il m'avait volé en me disant que ça lui portait chance pour ses parties de sport. Et on s'était embrassés. Et il m'a appelée tout le temps des fêtes (ben… cinq fois). Je ne sais pas quoi penser. Et ne pas le savoir m'énerve. J'aimerais bien refermer mon cœur à ce sentiment trop compliqué pour moi, finalement.

17 h 38

Au souper, François donne des morceaux de viande de son pâté chinois à Sybil sous la table pendant que ma mère va chercher du ketchup.

Moi (en chuchotant) : Ma mère ne veut pas qu'on donne de la nourriture de table à ma chatte.

François (en mettant l'index sur sa bouche) : Chut.

Ma mère revient et François et moi continuons de manger sans rien dire. Je jette un coup d'œil à Sybil qui se lèche les babines de satisfaction.

Ma mère : Qu'est-ce que vous complotez ?

François et moi (avec un sourire en coin) : Rien.

18 h 56

Ma mère parle au téléphone avec ma tante Loulou dans sa chambre et François lit dans le salon. Je tourne un peu autour de lui en attendant qu'il ait terminé.

18 h 57

François lève les yeux vers moi. C'est la première fois que je le vois avec des lunettes. Il me dit :

– Est-ce que tu as perdu quelque chose ?

Moi : Non. Mais… je ne savais pas que tu portais des lunettes.

François : Tu vas apprendre à me connaître de plus en plus.

Moi : Pourquoi ?

François : Parce qu'on se voit plus souvent.

Moi : Ah. Oui. Ben… c'est correct, les lunettes.

François : Merci.

Il replonge le nez dans son livre.

Moi : Euh… François ? (Je regarde si ma mère est toujours dans sa chambre, je ne voudrais pas qu'elle entende.)

François (en relevant la tête et en enlevant ses lunettes) : Oui ?

Moi : Si je te demande quelque chose, est-ce que ça peut rester (je baisse la voix) secret ?

François : Mais oui.

Moi : Bon… il y a un gars à l'école.

François : Tu as un chum !

Moi : Chuuuut ! Non. Mais, en tout cas, je me pose des questions. En fait, le gars… ben… au début de l'année scolaire, il me poussait dans les cases, m'arrosait, m'a volé un chandail…

François : Veux-tu que j'avertisse le directeur ?

Moi : Non, non ! En fait, moi aussi, j'avais pris ça comme ça, mais finalement il me (je fais des signes de guillemets avec mes doigts) *cruisait*.

François : Ah oui ? C'est vrai, des fois, les gars, on est un peu niaiseux ! Hahaha !

Moi : Ouain. Mais là, on s'est comme (je baisse la voix de nouveau) embrassés. Et là, il m'a appelée pendant le temps des fêtes. Et je suis allée le voir jouer au basket, mais il ne se passe plus rien.

Je regarde François en attendant qu'il me donne une explication très claire pour comprendre les «hommes». Mais comme il continue de me regarder sans rien dire, j'ajoute:

– Ben... qu'est-ce que t'en penses?

François: Est-ce qu'il a gagné?

Moi: De quoi?

François: La partie que tu es allée voir?

Moi: Non.

François: Les gars, on est un peu orgueilleux. Il se sentait peut-être mal que tu l'aies vu perdre.

Moi: Mais... comment on fait pour savoir si on sort avec quelqu'un ou non?

François: Je ne sais pas à ton âge, mais à mon âge, on commence par se fréquenter et, ensuite, ça se fait naturellement. Tu as déjà eu un chum, pourtant.

Moi: Oui, mais... je voudrais que ce soit différent avec... lui.

François: En tout cas, assure-toi qu'il ne continue pas de te pousser dans les cases. Je n'aime pas trop ses méthodes.

Moi: T'en fais pas! Il est super gentil.

19 h 03

Miss Magazine

HOROSCOPE

CANCER

Jupiter dans ton signe te confère un charme incroyable. Sorties et invitations fuseront de partout! Lors d'une sortie de groupe, tout le monde appréciera ton humour! Dans tes travaux scolaires, tu te surpasses. Côté cœur, tu fais tourner des têtes. Observe bien!

Il faut vraiment que j'arrête de lire mon horoscope, c'est vraiment trop n'importe quoi! (Mais si c'est vrai: trop cool!!! Sauf qu'ils ont écrit la même chose pour Lion, Capricorne et Vierge, mais dans d'autres mots…)

Lundi 8 janvier

Retour (douloureux, mais obligatoire) à l'école.

Tommy m'attend dans le vestibule en secouant ses bottes. Je cherche Sybil pour lui dire au revoir, mais je ne la trouve nulle part. Je me penche pour regarder sous le divan. Tommy s'impatiente et me conseille de me dépêcher. Je lui explique que je ne pourrais partir sans lui dire au revoir. Il me dit que ce n'est qu'un chat et qu'elle ne s'en rend pas compte. Pfff! Qu'est-ce qu'il connaît en psychologie féline?

Je trouve finalement Sybil sous un meuble du salon et je lui dis au revoir. Au moment où je m'apprête à ouvrir la porte, ma mère crie:

– Oublie pas ta tuque!!!! On gèle.

Je fais:

– Ouain, ouain.

Je lève les yeux au ciel en regardant Tommy et en omettant volontairement de suivre son conseil (elle ne me croit pas quand je lui dis que j'ai un sang différent du sien qui fait que je ne gèle jamais, même pendant les grands froids. Je serais parfaite pour faire une expédition en Antarctique ou quelque chose du genre) et nous sortons.

En marchant vers l'école, Tommy me raconte ses vacances. Il a fêté chez sa mère, a vu ses anciens amis (il dit qu'il sent qu'il n'a plus grand-chose en commun avec eux, comme si un lien s'était brisé). Puis, pendant qu'il parle, j'ai un élan spontané et je lui saute dans les bras.

Tommy : Qu'est-ce qui te pogne ?

Moi : Je m'ennuie de toi quand tu pars ! T'es mon voisin préféré !

Tommy : Recommence pas trop souvent. Je voudrais pas que le monde pense qu'on sort ensemble, j'ai ma réputation.

Je lui donne un coup avec mon sac d'école et on éclate de rire.

8 h 37

Aux cases, nous croisons Kat, qui nous raconte que sa sœur Julyanne s'habille maintenant exactement comme elle et que ça la fait extrêmement suer (pour rester polie). Tommy lui explique qu'il y a pire problème dans le monde lorsque Jean-Félix nous rejoint, très heureux de nous retrouver. Kat et moi le serrons chacune notre tour dans nos bras. Il rougit.

Tommy : Coudonc, les filles ! Lâchez-nous !

Kat : Heille, toi ! Tu devrais t'estimer chanceux de te tenir avec nous !

Tommy : Je m'en passerais bien ! On était ben mieux, tout seuls entre gars, avant que vous arriviez.

Pendant que la guerre reprend entre Kat et Tommy, Jean-Félix me regarde et me dit:

– Penses-tu qu'ils vont finir ensemble?

Moi: Ça me surprendrait... Kat est Bélier et Tommy est Scorpion... Ça ne *fitte* pas trop.

Nicolas passe près de nous, nous salue et nous souhaite une bonne journée.

Jean-Félix: Je savais pas que tu t'intéressais à ça.

Moi: Je ne m'intéresse pas à lui! Pfff! Je te jure! Vieille histoire!

Jean-Félix: Non. Je parlais de l'astrologie.

Moi: Oh! Aaaaah! Hahahaha! Je pensais que tu disais ça... à cause de Nicolas! Hahahahaha! Je ne m'y intéresse pas. À l'astrologie, je veux dire. Ben... ni à Nicolas. Je dis juste ça comme ça parce qu'hier, concernant les Béliers et les Scorpions, j'ai lu toute la section astrologie dans le *Miss* parce que... je n'avais rien à faire.

Midi

Kat, Tommy, Jean-Félix et moi mangeons ensemble à la cafétéria. Je me demande si Iohann me regarde, mais à aucun moment je ne me tourne vers lui. Je demande discrètement à Kat s'il me regarde. Elle lance des regards en direction de sa table et me dit qu'il parle à ses amis, dont les trois filles que nous avons vues à la partie de basket-ball.

12 h 32

Kat: Oh, attention, il vient par ici!

Il passe près de notre table pour aller jeter le reste du contenu de son plateau et dit:

– Salut, Aurélie.

Je me retourne et, avec un air snob (totalement inopiné), je fais :

– Oh. Salut.

Et il s'en va.

Kat : Ben là ! Comment tu veux qu'il sache que tu t'intéresses à lui ?

Moi : Je ne le sais pas. On dirait que, quand je le vois, je perds mes moyens et que mon cerveau ne m'envoie pas les réactions appropriées.

Kat : Oooooh ! C'est l'amouuuuuuuuuuur !

15 h 05

Cours de maths.

Maude, qui était une de mes profs préférées, a été remplacée par un stagiaire du nom de Benoît Simard. Il paraît qu'elle s'est cassé une jambe pendant le temps des fêtes en faisant du ski, et qu'elle est en arrêt de travail pour quelques semaines.

15 h 45

J'ai écrit le nom de Iohann dans mon agenda et j'ai repassé dessus tellement souvent que ma page s'est percée.

21h

La main sur le cœur, je déclare officiellement mon incompétence amoureuse et ma totale incompréhension du sujet.

Mardi 9 janvier

Cours de sciences physiques.

Monsieur Gagnon: Comme vous l'avez appris en deuxième secondaire, les cumulus sont des nuages de convection. Lorsqu'un petit volume d'air devient plus chaud que son environnement, il prend alors de l'expansion et déplace dans son environnement un volume d'air égal au poids de la parcelle d'air chaud. L'air réchauffé sera poussé vers le haut par une force égale au poids de l'air déplacé dans l'environnement. La force de poussée vers le haut va alors faire monter la parcelle d'air. Lorsqu'une parcelle d'air bute contre un obstacle, comme une montagne, elle est forcée de passer par-dessus. Donc, pour franchir l'obstacle, elle doit s'élever en altitude. Nous verrons aujourd'hui la composition chimique et les formules des gaz qui peuvent transformer l'atmosphère.

Je regarde Kat du coin de l'œil pour savoir si elle comprend quelque chose. Elle hausse les épaules en signe d'incompréhension totale. Je suis rassurée de ne pas être seule à penser que je ne comprends strictement rien. Pourtant, il utilise des mots français, mais il parlerait chinois que ça ne changerait rien. Et il a pourtant commencé par « comme vous l'avez appris en deuxième secondaire », alors ça devrait déjà être dans mon cerveau. Je pense que ma mémoire fait de la sélection naturelle d'information et qu'elle n'a pas cru bon de retenir des trucs sur les nuages (si j'avais eu une réunion au sommet avec mon cerveau à ce sujet, j'avoue que j'aurais été assez d'accord avec son choix).

9 h 45

Notre prof parle maintenant de transformation de l'air, de pluies acides, de SO_2, NO_3, NO_2O_5 pendant que je regarde l'horloge égrainer les secondes.

10 h 35

Quand un gars m'intéresse, ce que je lui dis passe de nul à archinul. C'est un constat que j'ai fait lorsque j'ai croisé Iohann après le cours de sciences physiques, juste avant d'entrer dans mon cours d'histoire, alors qu'il sortait de la toilette des gars. Il m'a demandé si je n'étais pas trop découragée du retour en classe, si je n'avais pas trop eu de devoirs jusqu'à maintenant, etc. Bref, il a pris toutes les meilleures questions ! Et, comme je ne voulais pas copier ses questions, mais que je voulais avoir l'air de m'intéresser à lui, je lui ai demandé (après une minute de silence total pendant laquelle on se regardait sans que je sois capable de faire sortir aucun son de ma bouche) :

– Est-ce que, vu que tu es super grand, ça te cause des problèmes parfois, genre… les toilettes sont trop basses pour toi ?

Je crois sincèrement que je n'ai pas le plein contrôle de mon cerveau, ni de ma bouche, ni de rien. À ce moment-là, dans ma tête, je m'imaginais me taper le front, mais je ne voulais pas le faire dans la vraie vie, car j'aurais eu l'air de souffrir du syndrome de la Tourette ou un truc du genre (quoique ç'aurait été vraiment pratique de pouvoir mettre ça sur le compte d'un syndrome...).

À l'agenda: Aller consulter médecin pour me faire diagnostiquer un syndrome de façon officielle.

Bref, Iohann a répondu (avec un air un peu étonné):

– Non, non. Les toilettes sont ben correctes.

Niaiseuse! Niaiseuse! Niaiseuuuuuuuuuuuuuuuuuuuuuuuuuuuuuuuuuse (X 1000)!

Il allait s'en aller quand j'ai dit:

– Euhm... Iohann?

Lui (en se retournant): Oui?

Moi: Est-ce que ça te tenterait de faire quelque chose après l'école?

C'est sorti de ma bouche, comme ça, d'un trait, paf.

Et il a dit oui!

Hihihouhihi!

16 h 17

Iohann et moi arrivons dans un *fast-food*, près de l'école. C'est lui qui a proposé qu'on prenne un chocolat chaud. Ça faisait cinq minutes que nous étions arrivés et que nous discutions de tout et de rien, lorsqu'il m'a dit:

– T'enlèves pas ton manteau?

Moi: Oh! oups... C'est vrai. J'avais oublié que c'était... l'hiver.

Il rit et il dit que je suis une fille vraiment drôle.

Moi (après avoir enlevé mon manteau et bu une gorgée de chocolat chaud qui ne goûte absolument rien d'autre que l'eau bouillante) : En tout cas, ben… l'affaire de mon chandail, en tout cas, c'était ben *cute*.

Iohann : Ouais. J'aurais dû l'avoir à la partie l'autre jour.

Moi : Ben non, t'étais bon (non-dit : avec tes tendons tendus).

Iohann : Tu trouves ?

Moi : Oui. T'es vraiment grand, on dirait que le panier est juste à la bonne hauteur pour toi.

Iohann : Mais… pas les toilettes !

Moi (me sentant rougir) : Excuse-moi… Des fois, en présence de certaines personnes, je dis vraiment des affaires pas rapport.

Iohann : Ben non, t'as raison. Après, j'y ai repensé et je trouve que c'est une bonne observation, les toilettes sont un peu trop basses pour moi.

Moi : Ah.

On se regarde. Je bouge un peu les yeux vers la droite, puis vers le plancher. Et je découvre une araignée qui grimpe sur une patte de la table. Instinctivement, je me lève et, en courant vers la porte de sortie, je crie :

– Ahhhhhhhhhhhh !!!!!!!!!!!!!!!!!!

Rendue à la porte, je me sens arrêtée par le froid et le fait que je n'ai plus mon manteau et, en me retournant, je découvre qu'une dizaine de personnes m'ont suivie, paniquées, et me regardent, intriguées. Ma bouche reste un peu entrouverte et mes yeux détaillent les dix personnes, de droite à gauche. Je vois Iohann qui arrive avec nos manteaux en se faufilant parmi les dix personnes un peu énervées qui semblent se poser des questions et, un peu gênée, je dis :

– Euh... fausse alerte. Hihi.

Iohann me tend mon manteau et je sors en me promettant de ne plus jamais revenir dans ce resto (de toute façon, j'ai pris la résolution de manger des choses bonnes pour la santé et je n'ai pas encore tenu ma résolution, ça me prenait seulement une motivation de ce genre...).

16 h 21

Une fois dehors, il éclate de rire et me suggère de courir loin du resto (j'imagine ses tendons tendus). Lorsque nous nous retrouvons à bonne distance, il me demande ce qui m'a prise. Je réponds :

– Ben... j'ai peur des araignées.

Iohann : Hein ? Pourquoi ?

Moi (en haussant les épaules) : Je ne sais pas.

Iohann : T'as juste à l'écraser, t'es plus forte qu'elle.

Moi : Je trouve qu'elles ont l'air... intelligentes.

Iohann : Plus intelligentes que toi ?

Moi : Ben... je suis sûre qu'elles ne demanderaient pas à un gars si les toilettes sont trop basses pour lui !

Iohann rit et dit :

– Merci de t'inquiéter de ma grandeur.

Je ris. Je bouge d'un pied sur l'autre pour éviter de me laisser envahir par le froid. Je n'ai pas de tuque ni de mitaines, je suis complètement glacée. Iohann me prend les mains et me met ses mitaines. Il me regarde.

Je le regarde. Il a les cheveux brun foncé, tout bouclés, des yeux bruns (et des tendons tendus, mais je ne fais que les imaginer, car je ne les vois pas puisqu'il porte des jeans). Et on s'embrasse. (Whouuuuuuuuuuuuuuuuuu uuuuuuuuuuuuuuu!!!!!!!!!!!)

En marchant vers chez moi (en nous tenant la main dans une de ses mitaines: trop *cuuuuuute*!), il m'a avoué que son amie Frédérique (qui est aussi son ex) lui avait dit qu'il était un peu trop collant avec les filles, qu'il allait trop vite et qu'il devrait prendre ça relax. Ce qu'il a essayé de faire pour ne pas trop me brusquer. Il a dit qu'il voulait vraiment m'embrasser au gymnase dimanche, mais que ça n'aurait pas plu au *coach* et, comme on s'est embrassés avant les vacances des fêtes et qu'on a perdu des points de comportement pour «manifestation amoureuse», il ne peut se permettre d'en perdre d'autres, car il ne veut pas être en retenue et manquer les pratiques ou même des parties. Puis, il m'a dit qu'il était un peu mêlé et ne savait plus si je m'intéressais à lui (sûrement à cause de ma face snob, je le répète, totalement inopinée), mais qu'il a eu de l'espoir quand je l'ai invité à faire quelque chose (à ce moment, ma fonction neurologique du langage était complètement réactivée).

En guise de réponse, j'ai souri béatement (totalement à cause des neurones d'écureuil implantés par erreur dans mon cerveau) en battant des cils (si je ne m'étais pas connue, je me serais énormément jugée) et, avant que je rentre chez moi (à l'abri des regards), il a dit:

– Je suis content.

19 h 50

Au téléphone avec Kat depuis une demi-heure, à lui raconter en détail (avec quelques ajouts, genre mes frissons dans la mitaine de Iohann pas du tout causés par le froid, et quelques omissions, genre faire paniquer sans raison les clients d'un resto...).

J'ai également ajouté que Frédérique était notre alliée, avec l'exemple de l'histoire que Iohann m'a racontée. Kat n'avait pas l'air convaincue. Elle m'a dit qu'elle trouvait ça louche, le conseil qu'elle lui avait donné. (Je pense qu'elle n'est pas objective quand il s'agit de ces filles...) De son côté, elle m'a également confié un secret ultrasecret: elle tripe sur le nouveau prof de maths. Cela ne m'a pas trop étonnée sur le coup, car au début de l'année, c'était sur son moniteur d'équitation qu'elle tripait. Mais je lui ai tout de même dit que, si elle voulait un chum, elle ferait mieux d'arrêter de triper sur les gars plus vieux qu'elle. Elle m'a dit qu'elle trouve les gars de notre âge trop poches et qu'elle n'est pas pressée, elle peut bien aimer quelqu'un en silence pendant des années avant de sortir avec lui, elle trouve ça même un peu romantique. Puis, elle a ajouté que c'était drôle, car on se croirait dans un de ces films où les personnalités des deux protagonistes ont été échangées. Avant, c'était elle qui voulait absolument un chum et, maintenant, c'est moi. (Drôle?) Ce commentaire m'a un peu piquée, parce que je ne veux pas *absolument* un chum. Ça adonne juste que j'ai rencontré un gars tripant et que je tripe sur lui... genre. Et, pendant qu'on se parlait et qu'on avait une conversation intéressante, Kat a crié :

– Sors de ma chaaaaaaaaaaaaambre ! Scuse-moi, c'est ma sœur qui me colle encore !

Moi : C'est pas grave. Qu'est-ce qu'on disait, donc ?

Kat : Je te prêterai pas mes pantalons ! Arrête de fouiller dans ma garde-robe ! Mamaaaaaaaaaaaaan !!!!!!!!!!!!!!!!! Au, faut que je te laisse.

21 h 30

Il a dit : « Je suis content ! »

Whouuuuuuuuuuuuuu ! (Je me tortille dans mon lit, ce qui dérange Sybil qui était bien endormie.)

21 h 35

Wouaaaaaaaaaaahhhhhhhhhhhhhh ! Ce serait vraiment drôle que j'appelle Sébastien Boudreault, plusieurs années plus tard, pour lui dire : « En passant, je casse, j'ai un nouveau chum maintenant. » Me semble de lui voir la face ! Cette pensée me fait pouffer de rire !!! Hahahahahaha !

22 h

Je ne sais pas comment je vais faire pour dormir. Mon cœur palpite trop.

Mercredi 10 janvier

Iohann et moi avons décidé de manger avec nos amis respectifs et de nous voir après, pour jouer au mississipi, ou encore faire nos devoirs ou n'importe quoi (n'importe quoi étant aller au dépanneur pour sortir du terrain de l'école et frencher, hihi).

Pendant le dîner, Kat nous raconte qu'elle a découvert que Julyanne fouille dans sa garde-robe quand elle n'est pas là et qu'elle porte ses vêtements en cachette. Kat l'a dit à ses parents qui ne trouvent pas ça très grave. Ils ont dit texto à Kat qu'elle devait « partager » avec sa sœur. Ils ont seulement suggéré à Julyanne de *demander* avant d'emprunter. Kat a dû leur expliquer que des vêtements, c'est très personnel. De son côté, Julyanne a dit que, puisque les vêtements de Kat finissaient dans sa garde-robe quand elle n'en voulait plus, elle ne voyait pas pourquoi il faudrait qu'elle attende ce moment avant de les porter. Julyanne aurait lancé qu'elle se sentait – et Kat a bien appuyé le mot avec plein de jugements – comme un bac à recyclage. En plus, Julyanne veut faire de l'équitation, tout comme Kat.

Jean-Félix: L'imitation est une forme d'admiration.

Tommy: Elle n'a juste pas choisi la bonne personne à admirer.

Kat (en regardant Tommy, les yeux plissés): Ha. Ha. (Elle se retourne vers moi.) Je me sens comme si… j'avais un clone. Qu'est-ce que je devrais faire?

Je réfléchis, je regarde du coin de l'œil Iohann qui mange à sa table plus loin, qui me sourit, et je rêvasse une fraction de seconde, ce qui me donne un air de réflexion tout à fait conforme à la discussion. Pourtant, Kat me demande:

– Coudonc, est-ce que tu m'écoutes?

Moi: Ben oui! Ben oui! T'as pas vu que je réfléchissais?

Je refais mon air de réflexion pour appuyer ce que je dis, et je lance, tout à fait inspirée:

– Fais semblant que tu n'aimes plus tes vêtements et va les lui donner.

Kat: Au complet?

Moi: Oui. Ça s'appelle de la psychologie renversée.

Jeudi 11 janvier

Le plan ne s'est pas tout à fait passé tel que prévu. Kat a fait ce que je lui ai suggéré et Julyanne était vraaaaiiiiiment contente. Résultat: Kat n'avait techniquement plus de vêtements. Elle a tenté de les lui reprendre, mais Julyanne a dit: «Donné, c'est donné.» Elles se sont une fois de plus chicanées et Kat a dû expliquer à ses parents (sans lui dire que l'idée venait de moi, bien sûr) que c'était une ruse pour «reprendre possession de sa vie ». Ses parents ont redonné ses vêtements à Kat et ont conseillé aux deux filles de régler leur chicane. Ils ont dit à Kat que Julyanne avait le droit d'avoir des goûts similaires et qu'elle ne pouvait empêcher sa sœur de faire ce qu'elle voulait. Kat a consenti à ce que Julyanne prenne des cours d'équitation, mais ne veut plus que Julyanne fouille dans sa garde-robe. Elle leur a dit qu'elle avait besoin d'intimité et, surtout, de pouvoir choisir les vêtements qu'elle veut quand elle veut (ce qu'elle ne peut faire s'ils ont été portés, donc salis : logique).

Bref, mon plan n'a pas fonctionné comme prévu, mais ç'a amélioré la situation.

Note à moi-même : L'amour me donne des ailes et fait de moi une consultante hors pair pour les problèmes de la vie courante. Je crois que je pourrais facilement ouvrir un cabinet de consultation privé et régler les problèmes de la terre entière (après tout, mon apport écologique du mois dernier a grandement amélioré le sort de la planète, alors bref, je me sens très utile en ce bas monde).

16 h

Après l'école, Kat, Jean-Félix, Tommy et moi nous réunissons dans le sous-sol chez Tommy, qui joue de la guitare. Et j'invente spontanément des paroles qui les font rire.

J'ai prêté à contrecœur
Mon chandail à ma sœur
Il est maintenant tout plein de sueur
Et j'ai de la rancœeeeeeeeeeur !

Vendredi 12 janvier

Ce soir, Iohann et moi sommes allés au cinéma. C'était trop cool (à part pour ce qui est du pop-corn qui m'a laissé une graine entre les dents que j'ai tenté d'enlever sans succès pendant tout le film, ce qui m'a grandement déconcentrée).

Ensuite, nous sommes allés chez un de ses amis qui faisait un party. J'ai rencontré plein de monde. Et je ne sais pas si c'est Iohann qui me fait cet effet, mais j'ai l'impression d'être plus « normale » quand je suis avec lui. Je suis capable de parler aux gens sans dire de niaiseries. (Bon, il faut dire que je n'ai pas besoin de parler beaucoup, car c'est davantage Iohann qui parle, vu que ce sont ses amis, mais disons que, quand je parle, ça se passe assez bien, « neurologiquement » parlant).

Vers la fin du party, il ne restait que quelques personnes, et Iohann et moi sommes allés sur le divan. Nous étions couchés, un en face de l'autre, tout collés, les doigts entrelacés. Iohann m'a demandé :

– Pis, comment tu trouves ça, aller dans une école avec des gars ?

Moi : Hum… Pas pire.

Iohann : C'est qui, ton prof préféré ?

Moi : J'aime beaucoup Sonia, ma prof de français. Elle m'encourage beaucoup pour mes poèmes. J'aimais bien Maude, mais elle est en congé.

Iohann : Il paraît que toutes les filles tripent sur son remplaçant.

Moi : Benoît ? Ah, bon. Moi, je ne connais *personnellement personne* qui tripe sur lui.

Iohann (il rit) : Tu mens mal ! Toutes les filles tripent sur lui.

Moi : Ben non !!! Je te le dis !

Iohann : Est-ce que t'as eu beaucoup de chums à part moi ?

Moi : Hum… Non. Un. Non, deux ! Mais le premier, ça ne compte pas, c'était au primaire, et… en tout cas, un. Et toi ?

Iohann : Est-ce que c'était un chum important ?

Moi : Euh… ben… important comme un premier chum, là. (Non-dit : super important.) Et toi ?

Iohann : Est-ce que tu ressens encore quelque chose pour lui ?

Moi : Tsss ! Non ! Vraiment pas ! Toi ?

Iohann : Non, moi, je ne ressens rien pour lui.

On rit.

Moi : Toi ?

Iohann : Quelques-unes, mais jusqu'à toi, je n'avais aimé que Frédérique.

Mon problème de répartie et de dysfonction du langage vient soudainement de réapparaître. Il vient carrément de me dire subtilement qu'il m'aime ! Je n'ai aucun mot. Jusqu'ici, cette conversation me rendait très mal à l'aise, mais je trouve qu'elle prend une tournure tout à fait agréable.

Son visage est à proximité du mien. Il me regarde avec des yeux tout lumineux et un sourire en coin et je l'embrasse (ça fait différent de quand nous sommes debout et que je dois me casser le cou, vu qu'il est plus grand que moi). Après quelques minutes, quelques-uns de ses amis nous taquinent et ça nous fait rire.

23 h 15

Ma mère m'attendait dans le salon quand je suis entrée dans la maison complètement survoltée (attitude totalement causée par un sentiment électrisant). Elle m'a engueulée solide. Elle m'a dit qu'elle s'inquiétait, blablabla, qu'elle était sur le point d'appeler la police, blablabla, que j'aurais dû l'appeler, blablabla. Elle m'a dit qu'elle ne voulait plus jamais que je sorte sans lui dire où je vais (je me souviens clairement que je lui ai dit que je serais au cinéma et qu'ensuite j'allais à un party chez un ami de Iohann, ce n'est pas ma faute si elle souffre d'amnésie), et ç'a été suivi de plein d'autres blablas, mais je la regardais seulement avec un sourire béat (qu'elle a jugé arrogant, mais c'était totalement le sourire de l'amouuuuur). Bref, j'ai maintenant un couvre-feu (totalement despotique selon moi) fixé à vingt-deux heures la fin de semaine et (encore pire) à vingt heures la semaine (même si je ne vais que chez Tommy, qui habite la porte à côté). Malheureusement, comme je n'étais pas dans mon état normal (tellement submergée de bonheur que j'aurais pu carrément m'envoler), je n'ai trouvé aucun argument de négociation.

23 h 44

Lalalalalalalalalalalalalalaaaaaaaa.

Sybil me regarde fredonner un air que je viens d'inventer (le bonheur me rend total musicienne). Je ne vois que ses deux yeux verts briller dans le noir. Et elle fait « rouuuu » chaque fois que je fais une pause de « lala », ce qui est très mélodieux selon moi. Je crois qu'ensemble nous formons un duo créatif d'enfer, style White Stripes !

Mon discours si je remportais un prix prestigieux, genre un Félix, pour la chanson de l'année, au gala de l'ADISQ, remis par Louis-José Houde, forcément (qui me complimenterait sans aucun doute pour ma tenue hyper sophistiquée) :

Je voudrais tout d'abord remercier Sybil, ma grande complice. Tout le monde me trouvait un peu folle quand j'ai pensé lancer un album intitulé *Mon chat et moi*, jusqu'à ce qu'ils découvrent que Sybil était réellement dotée d'un talent musical incomparable. Je tiens également à remercier mon gérant, MH (on serait devenus tellement proches que je l'appellerais par ses initiales, ce qui sonnerait total rock star), sans toi, je n'y serais jamais parvenue (je mettrais mon poing sur mon cœur pour appuyer). Merci à ma maison de disques, qui a cru en moi et en ce projet un peu fou. Merci à toute l'équipe, vous êtes super ! Je voudrais aussi remercier Tommy, qui nous accompagne à la guitare sur l'album et en tournée. Je m'en voudrais d'oublier Kat, ma meilleure amie, d'avoir enduré mes insécurités artistiques. Un gros merci à ma mère et à son chum François pour m'avoir encouragée, même dans les moments difficiles. Ma grand-mère, qui m'a toujours dit de poursuivre mes rêves. Et (et là, la musique commencerait, annonçant un discours trop long) je voudrais dédier ce trophée à mon père. (Je lèverais à ce moment-là le trophée dans les airs et, avec une larme à l'œil, j'ajouterais :) C'est pour toi, papa ! (Après quoi Louis-José Houde tomberait assurément fou amoureux de moi, mais je devrais décliner toutes ses invitations vu que je sortirais avec Johann, qui serait devenu une grande vedette sportive internationale, style David Beckham.)

Samedi 13 janvier

Ma mère : Crois-tu qu'on a besoin d'un humidificateur ?

Nous sommes à la pharmacie depuis au moins une heure, alors que nous étions entrées ici pour acheter du savon. Je ne sais pas ce qui se passe dans la tête de ma mère quand elle entre dans une pharmacie, mais elle devient carrément folle. Depuis que nous sommes entrées, elle a acheté trois millions (je n'exagère pas du tout) de cossins. Nous n'avons pas un savon, mais au moins dix, de dix fragrances différentes, car ma mère trouve que c'est bon de « varier », car on se tanne d'une odeur de savon. Ensuite, elle a vu du papier de toilette en spécial et a décidé d'en acheter six paquets « pour faire des réserves » (comme si elle préparait un abri antinucléaire ou un truc du genre), elle a acheté un nouveau balai (alors que le nôtre est en parfait état, surtout parce que c'est ma tâche et que je ne m'en sers pas si souvent, on peut dire qu'au lieu de faire le ménage avec le balai, je ménage le balai. Hihi ! je suis tellement spirituelle !). Le pire, c'était dans la section des produits de beauté, quand la préposée aux cosmétiques lui a donné plein d'échantillons. (Ma mère se sent mal de ne rien acheter à quelqu'un qui lui donne des choses, alors elle achète presque tous les produits qu'on lui a fait essayer. Elle fait la même chose à l'épicerie, lorsque des gens lui font déguster de nouveaux mets. Elle adore quand il y a des dégustations, mais elle est incapable de partir sans acheter le produit.) Bref, six rouleaux de papier de toilette, vingt-quatre boîtes de mouchoirs, deux démaquillants, une crème de jour avec la crème de nuit assortie, une boîte de teinture à cheveux (au cas où sa coiffeuse tomberait en congé de maternité ou en *burnout*) et deux bouteilles de shampoing qui venaient avec une prime plus tard, elle est devant l'humidificateur à se demander si notre environnement est assez humide.

Ma mère : Il me semble que je me réveille souvent avec la gorge sèche. Ce sont les plinthes de chauffage, je pense. Il paraît que c'est bon pour la santé, l'hiver, d'avoir un humidificateur. En plus, quand on a la grippe aussi, c'est pratique.

Moi : Pourquoi ?

Ma mère : Ça… humidifie. Bon, je l'achète !

13 h 24

Nous rentrons les nombreux sacs de courses dans la maison. Ma mère est un peu irritée par Sybil qui veut sortir chaque fois qu'on ouvre la porte et par mes choses qui forment une montagne (selon ses dires, totale exagération selon moi) dans l'entrée. Et c'est moi qui suis prise pour transporter l'énorme boîte de l'(*&?%%$#@)humidificateur.

13 h 56

Iohann voulait qu'on se voie, mais ma mère m'en a empêchée, prétextant qu'on devait faire du ménage, que la maison était un bordel, et que « je lui dois bien ça après l'avoir tellement inquiétée hier soir » (soupir).

J'ai protesté :

– Mais on a fait tout le ménage pendant le temps des fêtes ! ! ! ! !

Et elle a répondu :

– Justement, pourquoi c'est encore le bordel comme ça ? Pourquoi tout est toujours à recommencer ?

Mystère, mystère. Ma théorie : des lutins. C'est la seule explication plausible (ce qui n'a pourtant pas fait rire ma mère).

Elle m'a répété les mêmes choses qu'à l'habitude, c'est-à-dire que je devais mettre mon sac d'école dans la garde-robe et non par terre ou sur un fauteuil, etc. Rien que je n'aie jamais entendu. Voyant que je ne l'écoutais que d'une oreille (l'autre était occupée à écouter la radio, ce qui m'a permis de découvrir que mes oreilles étaient parfaitement indépendantes l'une de l'autre, sauf que celle qui écoute de la musique prend peut-être un peu le dessus sur l'autre. Je crois qu'en vieillissant, ce talent d'oreilles indépendantes pourrait être perfectionné), elle m'a promis qu'elle me répéterait ces choses tant que ça ne me rentrerait pas dans la tête. Je lui ai alors suggéré qu'on mette un meuble ou une tablette à gauche de la porte, là où je mets toujours mon sac. Comme ça, il ne traînerait pas, car, mon réflexe étant de le jeter là sans réfléchir, je continuerais à faire le même geste, mais mon sac serait alors «rangé». Elle m'a seulement lancé un regard qui m'a fait comprendre que mon idée (pourtant très logique selon moi) n'était pas retenue, et j'ai déplacé mes affaires pour les mettre dans l'armoire du vestibule.

15 h 03

Kat est venue m'aider à faire le ménage. Pendant qu'on rangeait les vêtements qui traînaient un peu partout dans ma chambre, elle m'a dit qu'elle préférait cent mille fois faire ça que supporter sa sœur, qui insiste maintenant pour que la cage de Caprice, leur hamster, soit dans sa chambre plutôt que dans le sous-sol. Leur mère ne trouve pas que c'est très sain, mais Julyanne dit que Caprice est le seul être sur Terre à la comprendre (je vois ce qu'elle veut dire, je ressens la même chose avec Sybil, mais... ma chatte semble avoir plus d'intérêt pour moi que Caprice n'en a pour Julyanne. Caprice ne fait que courir sur place dans une roue immobile et ne semble jamais réaliser notre présence).

Pendant que je jette une vieille croûte de sandwich que j'ai trouvée sous mon lit et un biscuit que je prends avec un mouchoir (et un certain dédain) parce qu'il y a de la mousse verte dessus, Kat s'écrie :

– Aaaaaaaaaaaark ! c'est quoi, ça ?

Elle me montre un papier chiffonné et je cours vers elle le ramasser et le remettre à sa place, dans le coffre à bijoux.

Moi : C'est rien, c'est rien.

Kat : C'est une vieille gomme qu'il y a dans ce papier !

Moi : Mais non, c'est juste… un bijou.

Kat : C'EST UNE VIEILLE GOMME ! Et elle est dans ton coffre à bijoux ! ! ! ! C'est dégueulasse ! Je comprends ta mère de toujours t'engueuler pour que tu fasses ton ménage !

Moi : OK, chut, chut, chuuuuut ! Je vais t'expliquer. Une fois, Nicolas et moi, on s'embrassait, et là…

Kat : Aaaaaaaaaaaaark !

Moi : Arrête ! Il m'a, comme, passé sa gomme.

Kat : Aaaaaaark ! TU L'AS GARDÉE??????!!!!! Aaaaaaark !

Moi : Comme ça prend des années à se biodégrader, j'avais pensé que des scientifiques du futur pourraient trouver ma gomme, prendre les empreintes de nos ADN et nous… cloner.

Kat (en s'assoyant sur mon lit) : T'es folle.

Moi : Après, je l'ai oubliée là. C'est tout.

Kat : Mais pourquoi tu la gardes, maintenant ?

Moi : Oh, euh… genre… relique du passé. Souvenir. T'as rien gardé, toi, de Truch ?

Kat : Non, j'ai tout brûlé dans mon foyer ! Et je croyais que tu avais fait la même chose !

Kat se lève, prend le sac-poubelle et l'ouvre devant moi avec un air de défi. Je la regarde. Elle me regarde. Je la regarde. Elle me regarde.

Kat : Au… c'est juste une vieille gomme.

C'était dans les débuts. Avec Nicolas. Lorsque je m'étais rendu compte que mon cerveau tiltait en sa compagnie et que je n'avais d'autre mot en tête que « titilititi », qui n'existe même pas dans le vocabulaire courant. J'avais, spontanément, conservé la gomme qu'il m'avait transmise pendant un baiser. Quand la gomme était arrivée dans ma bouche, ça nous avait fait rire. Ce n'était pas nécessairement voulu. Je me souviens, nous étions devant chez moi, après être allés à l'arcade. Et, en rentrant chez moi, j'avais emballé la gomme dans un papier où j'avais écrit des directives adressées aux scientifiques du futur pour nous cloner. Pour que notre amour se perpétue à travers les âges. Je l'admets, c'était un peu nono. Beaucoup, même. J'étais amoureuse. Maintenant, j'ai un nouveau chum et je vis ça avec plus de, disons, maturité. Je n'ai plus le goût de me faire cloner ni rien. J'ai vieilli.

Moi (en prenant la gomme dans le coffre à bijoux) : OK, d'abord !

Je la jette dans le sac à ordures que tient Kat.

16 h 01

Kat et moi faisons un gâteau au chocolat pendant que ma mère semble se casser la tête à assembler les pièces de l'humidificateur pour tenter de le faire fonctionner.

Nous prenons une bouchée de la préparation à gâteau toutes les deux secondes pendant que nous parlons de nos cours et, surtout, de certains tics énervants de nos profs.

Ma mère (en regardant une pièce ainsi que les instructions) : Est-ce que vous vous ennuyez de votre ancienne école ?

Kat : Non.

Moi (en prenant une bouchée de la préparation à gâteau) : Pas trop.

Ma mère : Vous vous rendez compte que vous mangez des œufs crus, là, les filles ?

Kat et moi (en nous arrêtant de manger) : Arrrrrrrrrrrrrrrrrrrrrrk !

Le choc passé, nous nous regardons, haussons les épaules et continuons de prendre des bouchées de la préparation à gâteau. Je n'ai jamais lu dans le journal qu'une personne soit morte (ni ne soit tombée gravement malade) après avoir mangé des œufs crus. (***À vérifier dans les Archives nationales, juste pour être sûre…)

16 h 47

Ma mère a réussi à assembler l'humidificateur, a mis de l'eau dedans et l'a fait fonctionner. Mais elle trouve ça trop bruyant et elle l'a rangé dans une armoire à balais qui pourrait être rebaptisée « armoire-de-trucs-inutiles-achetés-dans-une-pharmacie ».

Et dire qu'elle ne veut pas m'acheter des vêtements chers ! Tssss !

18 h 21

Kat est restée souper avec nous. François a vraiment ri de ma mère avec son achat impulsif d'humidificateur et il n'arrête pas de la taquiner avec ça. Ma mère rit aussi. Et, pendant que tout le monde est de bonne humeur, je souligne le truc des vêtements chers.

François : Oh, parlant de ça, Aurélie, je vais à New York la semaine prochaine pour rencontrer un client et je connais un endroit où ils vendent des vêtements de marques cool, que vous aimez, les jeunes, vraiment moins chers. Voudrais-tu que je te rapporte quelque chose ? Toi aussi, Kat, si tu veux. Tes parents n'auront qu'à me rembourser après.

Moi : Oui, troooooooop ! ! ! ! ! ! ! ! !

Kat : Trop cool ! ! ! !

P.-S. Le gâteau était vraiment petit, car Kat et moi avons vraiment beaucoup mangé de pâte. J'ai prétexté à ma mère que les compagnies de gâteau mettaient désormais moins de poudre dans les boîtes pour diminuer leurs coûts de production et augmenter leurs profits. Elle a semblé, disons, perplexe, mais tout de même étonnée par mes connaissances en économie.

Dimanche 14 janvier

François est venu nous reconduire, Kat et moi, au centre commercial et nous a conseillé d'essayer les vêtements et de lui noter la marque, le modèle et la taille pour qu'il puisse nous acheter exactement ce que nous voulons.

14 h 11

Je comprends un peu ma mère de se sentir mal de ne pas acheter quand les vendeurs sont gentils avec elle. Kat et moi sommes allées dans une boutique et nous avons noté des modèles, mais, voyant que nous n'achetions rien, la fille a semblé déçue, ce qui nous a fait nous sentir extrêmement mal… Surtout que nous savons que nous pouvons avoir ces jeans moins chers ailleurs (New York : wouaaaah !).

Alors, nous avons élaboré un plan où, quand une de nous deux essaie quelque chose, on dit que c'est pour notre fête et que nos parents vont revenir pour les acheter, nous notons le modèle, la marque, la taille, mais *aussi* le nom de la vendeuse (pour qu'elle sente que son aide n'est pas vaine).

15 h 09

Dans une boutique, devant le miroir, je m'observe avec un beau jean et j'imagine très bien me promener main dans la main avec Iohann, habillée ainsi. Il me trouverait sûrement pas pire.

Kat : Plus que pas pire ! Tu es top ! Ça hurle ton nom !

Moi : Hahahahaha ! Ça hurle mon nom !

La vendeuse : Pis, tu les aimes ?

Moi : Oh oui ! Mais… euh… c'est pour ma fête. Est-ce que je peux noter le modèle, la marque, la taille et *ton nom*… pour que… le chum de ma mère vienne les acheter… à *toi*.

La vendeuse : Oh ! C'est quand ta fête ?

Moi (dans ma tête : 17 juillet) : Euh… bientôt…

La vendeuse: Ils te vont bien, en tout cas. C'est un beau cadeau que te fait ton beau-père.

Moi (après mûre réflexion): Oui, le chum de ma mère est pas mal cool.

On voit tout à coup Tommy apparaître derrière nous, dans le miroir. Kat et moi nous lançons un regard, mal à l'aise.

Tommy: Hé, Laf! T'essaies des jeans?

La vendeuse: C'est son cadeau de fête!

Tommy: Hein? Ta fête est passée depuis longtemps!

Moi: Ben… elle est passée depuis longtemps… mais elle revient bientôt… C'est une fois par année, une fête, t'sais, nah, franchement.

Kat: Ouain.

Soupir.

15 h 34

Nous sommes sorties vraiment honteuses du magasin. Je me sentais tellement mal que je n'ai pas pris le temps de noter le modèle des jeans. Et je n'osais plus regarder la vendeuse dans les yeux. J'avais l'impression qu'elle devait vraiment se demander pourquoi j'avais ainsi menti sur ma date de fête.

Tommy: Comment je pouvais deviner que tu mentais pour avoir le nom et le numéro des modèles?

Kat: S'il y a quelque chose qui semble bizarre, fais comme si de rien n'était!!!

Moi: Franchement, tu m'as fait passer pour une menteuse! Là, je me sens super mal! Je ne pourrai jamais retourner là et je ne suis pas plus avancée parce que c'est le seul magasin que je connais où ils vendent les jeans que je rêve d'avoir!

Tommy : Ton rêve, c'est d'avoir des jeans ? Méchant rêve. Bon, je vous laisse, mon père m'attend là-bas avec mon frère et ma sœur.

19 h 33

Au téléphone avec Tommy, nous avons cherché sur Internet la marque de mes jeans et nous avons trouvé un modèle qui ressemblait à ce que j'avais essayé. Il s'est excusé encore une fois et je lui ai dit que ce n'était vraiment pas grave, que Kat et moi avions pris plusieurs modèles en note, de toute façon, pour que François ait plusieurs choix, au cas où il ne trouverait pas ce que nous préférions. Il m'a promis de ne plus jamais rien dire si quelque chose lui paraissait louche.

Lundi 15 janvier

J'étais vraiment contente de voir Iohann à l'école ce matin ! Je ne l'ai pas vu depuis vendredi et je m'ennuyais.

Vérification faite auprès de Jean-Félix qui connaît tous les potins de l'école, il semble que ce soit vrai que Iohann a eu plein de blondes, mais que celles-ci se plaignaient qu'il semblait encore amoureux de Frédérique. Alors, s'il m'a dit qu'il n'a aimé personne depuis, il m'a dit la vérité. (Wouhou !)

Mardi 16 janvier

François est parti hier. Ça fait un peu bizarre, car, depuis les fêtes, il est toujours ici. Mais ça me permet d'être un peu seule avec ma mère (ben, elle dans le salon, moi dans ma chambre).

Mercredi 17 janvier

La vie avec un chum, par Aurélie Laflamme:

On se voit à l'école, on s'appelle en revenant (parfois on chatte même en étant au téléphone, alors on a deux conversations en même temps).

La vie avec un chum est vraiment chouette! Il me semble que tout est plus léger, différent. La bouffe goûte meilleur. Le plancher a l'air moins dur. Les blagues sont plus drôles. Les odeurs plus excitantes. Le froid ne pénètre pas les pores de peau (mais impossible que je donne cet argument à ma mère comme raison pour ne pas porter de tuque).

Je flotte carrément sur un nuage! (Bon, évidemment, j'utilise la métaphore pour expliquer mon humeur générale, car vu la composition chimique d'un nuage, c'est-à-dire un ensemble de gouttelettes d'eau et/ou de cristaux de glace en suspension dans l'air, il est littéralement impossible de flotter dessus. Pour cette raison, entre autres, et d'autres tout aussi logiques, comme le fait de ne pas vivre dans un dessin animé…)

19 h 11

Après le souper, le téléphone sonne. Je cours vers le divan où j'ai vu le téléphone pour la dernière fois et je saute pour répondre en criant :

– C'est pour moiiiiiiiii !

Je croyais que c'était Iohann, mais c'était finalement ma grand-mère Laflamme. Elle voulait me dire qu'elle avait payé une messe commémorative en l'honneur de mon père, ce dimanche, qui tombe la journée de la date « anniversaire » du décès, et qu'elle aimerait bien que ma mère et moi y soyons.

Elle m'a également demandé de lire le poème que j'ai écrit sur lui, qui m'a permis de remporter le prix Coup de cœur de la soirée de poésie, qui a eu lieu le mois dernier.

20 h

J'en ai parlé à ma mère, qui était bien d'accord pour qu'on y aille. Elle m'a demandé si je voulais que François soit là ou si je préférais qu'on fasse ça juste elle et moi. Je lui ai dit que ça ne me dérangeait pas que François soit là. Elle a semblé surprise. Mais elle n'a rien ajouté.

Jeudi 18 janvier

Ce matin, pendant que je mangeais une toast (sur laquelle j'avais mis du beurre d'arachide juste au moment de la sortir du grille-pain, donc il était tout fondant, hmmm), ma mère a chialé sur le fait que le niveau de grillage des toasts avait été déplacé. Elle a dit que François le mettait toujours à un niveau plus élevé que celui qu'elle préfère. J'ai continué de manger en silence en la laissant parler. Mais elle insistait pour que je donne mon opinion à ce sujet (que je trouvais carrément futile).

Moi : Euh… j'avais juste… pas remarqué.

Je regarde ma toast en guise de preuve.

Ma mère : Comment tu manges tes toasts, toi ?

Moi : Comme ça, regarde.

Je mords dedans et je mâche avec vigueur pour lui mimer.

Ma mère (en riant) : Toutoune !

8 h 34

Tommy et moi marchons vers l'école. Il me parle de ses nombreux progrès à *Guitar Hero* et me dit qu'il aimerait participer à un concours ou quelque chose du genre.

Moi : Je préfère quand tu joues de la vraie guitare. Tu devrais te monter un *band*.

Tommy : Tu comprends rien, Laf !

Moi : Je ne comprends pas quoi ? T'es super bon à la *vraie* guitare !

Tommy : Oui, mais je suis super bon à *Guitar Hero* aussi ! D'ailleurs, je pense que j'aimerais en faire une carrière.

Moi : Joueur de *Guitar Hero* ? ! ! ! ! ! !

Tommy : Non, quelque chose dans les jeux vidéo, genre. J'y pense de plus en plus. C'est un domaine d'avenir.

9 h 01

Oh mon Dieu ! Oh mon Dieu ! Oh mon Dieu !

Je suis un assassin !

J'ai fait une tentative de meurtre (non prémédité) sur… IOHANN ! ! ! ! ! ! ! ! ! ! ! ! ! ! !

Voilà, je suis arrivée à l'école, je l'ai embrassé (sur la bouche, juste un petit bisou de rien), et il a commencé à se gratter la gorge et à crier :

– EpiPen ! EpiPen !

Et il a couru jusqu'à l'infirmerie, où je l'ai suivi.

J'avais complètement oublié que Iohann était allergique aux noix. Il me l'avait déjà dit, mais ça m'était sorti de la tête, comme plusieurs informations qui ne rentrent pas (total imputable à un défaut génétique).

Sur la civière, après que l'infirmière lui ait fait la piqûre, il m'a demandé de ne plus jamais manger de beurre d'arachide.

J'avais entendu dire, déjà, que lorsqu'on était amoureux, il fallait faire des compromis, mais je ne savais pas que c'était des gros compromis à ce point-là. Ne plus manger de beurre d'arachide… c'est un gros compromis.

Je lui ai pris la main et j'ai dit :

– Promis.

J'allais l'embrasser pour conclure le pacte et il m'a repoussée en disant :

– Tu ne peux pas m'embrasser.

Moi : Oups, hihi, c'est vrai.

Et Iohann a été amené d'urgence à l'hôpital.

Je suis un petit peu traumatisée (voir son chum partir en ambulance à cause de soi est assez, disons, bouleversant). Je n'ose pas penser à ce qui aurait pu se produire si je l'avais embrassé plus, disons, passionnément. Je me sens tellement mal ! ! ! ! ! ! ! !

20 h

Au téléphone, Iohann m'a assuré qu'il ne m'en voulait pas. Qu'il est habitué.

Moi : Habitué d'être victime de tentative de meurtre de la part de tes blondes ?

Iohann : Non ! Hahahaha ! J'ai appris à vivre avec ça. Et mes parents s'assurent toujours que l'école est bien équipée en cas d'urgence. Ce n'était pas si grave. J'ai déjà vu pire. Et j'ai eu congé d'école. Yé !

Il m'a raconté que, lorsqu'il était petit, sa grand-mère avait fait un gâteau sans noix, mais qu'elle avait mis de la noix de coco dedans. Elle ne faisait aucun lien entre *noix* et *noix de coco* !

J'ai ri.

Puis, pendant qu'il me racontait cette anecdote, j'ai vu son nom apparaître sur mon ordinateur, dans le logiciel de *chat*, et il avait écrit :

« Je t'aime », avec un émoticon de bonhomme jaune qui tient un cœur.

J'ai répondu « Moi aussi » avec un émoticon de bonhomme qui a les joues rouges.

Syndrome de Stockholm: Le syndrome de Stockholm est un phénomène psychologique complexe, parce que paradoxal, de fraternisation entre la victime et son bourreau.

Hum…

Note à moi-même: Je suis un horrible bourreau, et je crois que Iohann a le syndrome de Stockholm.

Note à moi-même n° 2: J'ai une totale bonne raison d'avoir été inattentive à l'école aujourd'hui. On appelle ça… avoir une conscience. Oui. Tout à fait.

Vendredi 19 janvier

Kat a élaboré tout un plan pour foncer dans monsieur Benoît, le nouveau prof de maths, pour qui elle dit avoir des sentiments réels et profonds. Il a vingt-quatre ans. Elle aura seize ans en mars. Elle juge très romantique d'attendre deux ans avant de pouvoir embrasser celui que son cœur aime.

Moi: Quand même, Kat.

Kat: C'est toi qui m'as dit que tu préférerais que je tripe sur un gars de l'école! Ben, je tripe sur un gars de l'école!

Moi: Je parlais d'un *élève*!

Kat : Les gars de notre génération sont faibles ! T'as vu Iohann qui passe près de la mort juste parce que tu l'embrasses ! Beurk ! Les gars de notre âge sont des mutants. Des erreurs génétiques !

Moi : Il y a des filles allergiques aussi... Ma mère n'est pas de notre génération et elle est allergique aux hamsters... et aux plumes.

Kat : En tout cas, je ne peux pas choisir pour qui mon cœur bat.

Moi : N'empêche ! Triper sur un gars que tu es obligée d'appeler « monsieur », ce n'est pas idéal.

Kat : C'est juste un règlement de l'école. Je ne l'appellerai pas monsieur si on se marie.

En salle d'étude, elle me montre secrètement un plan de l'étage qu'elle a dessiné.

Le plan de Kat :

Elle m'explique que ça fait quelques jours qu'elle observe monsieur Benoît. Après le dîner, il monte au deuxième étage et se rend à la bibliothèque.

Kat : Tu vois, l'escalier est ici (elle pointe avec son crayon), à gauche ; la toilette se trouve entre l'escalier et la bibliothèque.

Kat sera donc cachée derrière la porte des toilettes (un bonhomme savamment dessiné, avec une belle couette, la représente). Moi, je me placerai en face (un bonhomme allumettes avec les cheveux longs, mal dessiné, me représente) pour avoir une vue d'ensemble et, mine de rien, je lui donnerai le signal de l'arrivée de monsieur Benoît. Lorsqu'il tournera à droite pour se diriger vers la bibliothèque, elle sortira en trombe des toilettes en sens inverse pour lui foncer dedans et je devrai noter la réaction de, précisons-le une fois pour toutes, notre prof.

Moi : Pourquoi je suis toute couettée ?

Kat : J'ai dessiné ça vite.

Moi : Oui, mais toi, t'as une belle couette.

Kat : C'est un plan de sé-duc-tion !

Je lève les yeux au ciel pour clore la discussion. (Mais je suis un peu insultée, j'aurais quand même aimé moi aussi être représentée par un beau bonhomme.)

12 h 35

On a mangé en vitesse. On n'a rien dit à Tommy et à Jean-Félix, qui sont allés jouer au mississipi dans la salle communautaire.

Nous attendons monsieur Benoît.

Kat est dans l'embrasure de la porte des toilettes et je fais semblant de lire un livre, debout, en biais entre la salle des toilettes et l'escalier. Kat et moi nous lançons des regards toutes les secondes. Des élèves nous regardent, intrigués, mais passent leur chemin quand on fait semblant de vaquer à nos occupations respectives (moi, lire, Kat, réparer la porte).

12 h 45

Monsieur Benoît arrive. Je fais le signal à Kat. Elle devient énervée. Elle sort des toilettes et se dirige tout droit vers monsieur Benoît en marchant lentement. Elle a les joues très rouges et, bien que sa tête soit penchée (pour justifier le fait qu'elle ne regarde pas où elle va, raison pour laquelle elle foncerait dans un prof *cute*), ses yeux sont tournés vers moi. Monsieur Benoît finit de monter les marches. Je pense qu'il va tourner à droite et que le plan de Kat sera une parfaite réussite lorsqu'il… tourne à gauche et prend l'escalier pour monter un autre étage au lieu d'aller à droite, vers la bibliothèque.

Je fais signe à Kat qu'il a pris l'autre escalier et, au lieu de poursuivre son chemin, elle vient vers moi, tremblante.

Kat : Merde !

Elle me montre ses mains, elle tremble comme une feuille.

Moi : Ça va ? T'es correcte ?

Kat : Je suis nulle.

Un gars arrive près de nous et dit :

– Salut, Kat.

Kat : Salut.

Le gars (en lui tendant un papier) : Je me demandais si ça te tentait de joindre le Club Sciences.

Kat : Euh…

Il se tourne vers moi en disant :

– Salut, Aurélie.

Moi : Salut.

Le gars : Tu peux participer, toi aussi, si tu veux.

Kat : Aurélie est plus une poète qu'une scientifique.

Le gars : Ouais, je sais.

Il se retourne vers Kat et dit :

– En tout cas, si ça te tente, on cherche des nouveaux membres. On se voit une fois par semaine et on fait un projet qu'on présente par la suite à l'école et même dans d'autres écoles.

Kat : Ben… je vais y penser.

Le gars sourit et s'en va. Kat dit :

– C'est quoi, ton nom ?
Et il répond :
– Alexis.

16 h 16

Réunion au sommet de la plus haute importance dans ma chambre.

Membres : Kat et moi, en plus d'un membre honoraire, Sybil (seulement parce qu'elle dort sur mon lit et qu'elle agite l'oreille une fois de temps en temps).

Collation : jujubes (nécessaires).

Kat croit que si Alexis connaissait notre nom, c'est parce que je sors avec Iohann. Kat me l'a fait remarquer. Elle pense que les gens me connaissent parce que je sors avec Iohann et la connaissent, elle, par ricochet.

Moi (en prenant une bouchée de mon serpent en jujube jaune et vert) : Pas pire !

Mon discours si je remportais un prix du public, genre Teen Choice Award, en tant que « Breakout Female » (découverte de l'année). Le prix serait remis par Zac Efron (qui m'embrasserait timidement sur la joue, sous le regard jaloux de Vanessa Anne Hudgens) :

– Je voudrais tout d'abord remercier Iohann Martel, mon chum, qui m'a permis de sortir de ma coquille, en quatrième secondaire, à l'école Louis-de-Bellefeuille. Iohann (et là, j'embrasserais mon index et je lui soufflerais un baiser dans la salle, sans terminer ma phrase)… Merci aussi à mes amis, Kat et Tommy, qui sont avec moi depuis le début. Merci à ma famille, particulièrement à ma grand-mère Laflamme qui m'a aidée à avoir confiance en moi dans la vie. Merci !

Et je repartirais avec la planche de surf (le trophée), ma robe s'entortillerait autour (mon style), ce qui ferait rire mes pairs ainsi que le public. Et je lancerais un regard coquin vers la foule avant d'entrer en coulisses.

16 h 24

Kat se demande si elle devrait ou non participer au Club Sciences, elle qui déteste pourtant les sciences.

Kat : Si je veux devenir vétérinaire, ce serait bien que je m'intéresse aux sciences.

Moi : Tu veux devenir vétérinaire ?

Kat et moi sommes tellement indécises au sujet de notre avenir, de ce qu'on veut faire comme carrière. Pour l'instant, notre seul but serait de réformer le système d'éducation pour qu'on ne soit pas obligées de faire un choix, là, tout de suite, maintenant, alors que nous n'en sommes qu'à un septième de notre vie (admettons que l'espérance de vie soit de cent cinq ans).

Moi : Si tu deviens professeure, t'aurais plus de chances de côtoyer monsieur Benoît.

Kat : Bof… il est trop vieux pour moi finalement. Avec huit ans de différence, il sera bon pour l'hospice quand, pour ma part, je prendrai tout juste ma retraite. Pas idéal. Vraiment pas idéal. Non, je crois que je suis mieux toute seule. Célibataire. Ouain, ouain, ouain.

Hum… Louche.

Note à moi-même : Pas besoin d'être bollée en maths pour comprendre l'équation suivante :

Abandon du trip sur monsieur Benoît + désir de participer au Club Sciences alors que Kat déteste les sciences = ALEXIS.

19 h 56

Pendant que j'essaie de faire avouer à Kat qu'elle tripe sur Alexis, on cogne à ma porte au moment où, je pense, elle allait cracher le morceau. C'est François qui sort d'un sac deux paires de jeans hyper cool !!!

François : Il n'y avait aucun des modèles que vous aviez inscrits. J'espère qu'elles vous plairont quand même. J'avais hâte de vous les montrer !

On regarde chacune notre paire de jeans et on capote.

Moi : Wow ! Trop cool !

Kat : Top ! Top ! Top !

20 h 13

Kat et moi avons essayé nos jeans et défilé devant ma mère et François. Ma mère a passé un commentaire sur le bas de mes jeans qui, selon elle, devrait être raccourci, mais je lui ai dit que j'allais les rouler et que ce serait bien parfait. Elle a dit qu'elle était assez impressionnée par les goûts de son chum.

Avant de partir chez elle, Kat m'a dit que le chum de ma mère était le plus cool ! Je suis assez d'accord (même si, d'après ma mère, il ne mange pas ses toasts au bon niveau de grillage).

Samedi 20 janvier

Je marche pour revenir chez moi en écoutant mon iPod que je tiens dans une main, tout en fredonnant assez fort la chanson que j'entends. Je croise Tommy qui rentre lui aussi chez lui. Il me raconte qu'il a passé une entrevue pour un travail de pompiste dans une station-service.

Moi : Ah.

Que répondre d'autre ? Pour être encourageante, j'ajoute :

– Cool.

Il jette un coup d'œil à mon iPod et me fait remarquer qu'il est éteint.

Wouhahahahahahaha ! Je n'avais même pas remarqué !

J'avais placé la chanson que je voulais écouter et j'ai commencé à la chanter en oubliant d'appuyer sur *play*. Hihihihihi ! Étrange, car j'avais vraiment l'impression d'entendre la musique.

Tommy : Qu'est-ce que tu chantais ?

Moi (en riant) : La toune que je croyais écouter ! Hahahaha ! Fffft ! Je suis vraiment dans la lune !

Tommy : Coudonc, t'es revirée sur le top. C'est quelque chose qu'ils ont mis dans ta bouffe ou quoi ?

Moi : Qui ça, « ils » ?

Tommy : Les extraterrestres qui t'ont enlevée.

Moi : Ha. Ha. Très. Drôle.

Tommy: D'où tu reviens, comme ça? de chez Iohann?

Moi: Non. Je suis juste allée acheter de la nourriture pour Sybil.

Aujourd'hui, 13 h 50

Je suis entrée dans l'animalerie sans l'espèce de boule que j'avais dans le ventre chaque fois que j'y allais pour voir Nicolas, mon ex, mon premier amour. Parce que, maintenant, nous sommes amis. Et c'est lui qui m'a proposé d'y aller, pour bénéficier d'un rabais offert sur la nourriture pour chats. Hier soir, en rentrant chez moi après ma sortie avec Iohann, j'avais un courriel de Nicolas qui me disait que la nourriture que j'achète habituellement à Sybil était en solde à l'animalerie de son oncle, là où il travaille. Alors, ce matin, j'ai demandé de l'argent à ma mère et j'y suis allée.

Pour une fois, je n'y allais pas pour mettre à exécution un quelconque plan concocté par Kat et moi, mais simplement pour acheter de la bouffe à chats. Bien entendu, j'ai choisi de porter mon nouveau jean, mais ceci n'a aucun rapport avec le fait de voir Nicolas, c'est seulement parce que c'est nouveau et que c'est toujours agréable de porter ses nouveaux vêtements et de les montrer à tous ses amis (même si je ne dirai jamais à Nicolas que ce jean est nouveau et que, finalement, j'espérais qu'il croie que j'avais choisi un look de magasinage de bouffe à chats au hasard). Bref. Je suis entrée dans l'animalerie. Le « gling-gling » de la porte d'entrée m'a accueillie, comme d'habitude, suivi de tous les bruits d'animaux.

Nicolas n'était pas très loin et, quand il m'a vue entrer, il s'est tout de suite approché de moi. Il avait une casquette et le tablier qu'il porte quand il nettoie les cages.

Nicolas : Hé ! Salut, Aurélie ! Viens ici !

Il était près de la cage de Bono, le perroquet. Je me suis avancée.

Nicolas : On essaie d'accoupler Bono, mais les femelles ne veulent rien savoir de lui. Regarde !

Je vois en effet un autre perroquet (sûrement la femelle) près de Bono, qui le fuit et lui donne des coups de patte ou d'aile chaque fois qu'il tente de s'approcher d'elle.

Moi : Ben là ! Je les comprends ! Il fait juste dire « allô », « tabarnak » et « bon débarras ». Pas de classe ! Les filles ne s'intéressent pas aux gars cons comme ça. Il faudrait que tu lui apprennes, je ne sais pas, moi, des chansons.

Nicolas : Toi, t'aimerais te faire chanter des chansons par un gars ?

Moi : Ben... ça dépend des chansons. Si le gars me chante, disons, *Shut up*, de Simple Plan, je serais assez insultée.

Nicolas : Hahahahahahaha !

Pendant un petit instant, on s'est regardés. Jusqu'à ce que Bono crie :

– *Shut up* ! *Shut up* ! *Shut up* !

Nicolas : Oh ! Aurélie ! Ça, c'est ta faute !

Moi : Ben là ! Ton maudit perroquet accroche juste sur les mauvais mots ! Pas étonnant qu'il ne pogne pas !

Et là, Nicolas et moi, on a vraiment ri (hihihihahahahahouhahaha), j'ai acheté la nourriture pour chats et je suis partie.

Retour à aujourd'hui, 14 h 41

Tommy : Et elle est où, ta bouffe à chat ?

Je réalise soudain que je n'ai effectivement pas la nourriture pour chat dans mes bras.

Moi : Oups. Merde. Bye !

Je cours vers l'animalerie, où j'ai dû oublier les sacs.

14 h 56

Essoufflée, j'entre dans l'animalerie et, quand Nicolas me voit arriver, il se dirige vers la caisse et sort les sacs que j'avais oubliés. Il me les tend et me dit :

– Je sais pourquoi t'es bouleversée.

Moi (mal à l'aise) : Ah oui ?

Nicolas : Oui… Demain, c'est l'anniversaire de… ben, du décès de ton père.

Mon cœur se met soudainement à battre réellement fort dans ma poitrine, j'ai l'impression qu'il double de volume. Étonnée, je demande :

– Tu… t'en souviens ?

À l'agenda : Contacter l'Office de la langue française pour les sommer d'accepter le mot « flabergastée » dans le dictionnaire, car je ne trouve pas son équivalent dans le vocabulaire français courant.

Dimanche 21 janvier

Avant que je parte, Iohann m'a appelée pour me demander si j'avais besoin de quelque chose. Je lui ai répondu qu'un million de dollars pouvaient toujours être utiles et il a ri. Il m'a dit que j'étais forte pour faire des blagues en une journée pareille. Je lui ai dit que mon père aimerait sûrement que je sois plus comique que tragique dans la vie, et qu'il serait content que je trouve des idées de blagues, même les jours où j'ai de la peine.

Mon père était quelqu'un de très drôle. Il essayait toujours de me faire rire, en toute occasion.

Je me souviens que, lorsque j'avais environ cinq ou six ans, je jouais avec Maélie, une ancienne voisine qui a déménagé juste avant le primaire. Maélie m'avait lancé du beurre d'arachide dans les cheveux. J'étais allée voir mon père en pleurant et il avait éclaté de rire en voyant mes longs cheveux enduits de beurre d'arachide. Il n'arrêtait pas de se moquer de moi. Sur le coup, ça m'avait mise encore plus en colère, comme si mon orgueil m'empêchait de prendre le fait d'avoir du beurre d'arachide dans les cheveux, en plus de subir les taquineries de mon père.

Bon, ce n'est pas *comparable* comme tel, mais je sais qu'il préférait rire de certaines situations. (Je crois que mon cerveau m'envoie des souvenirs de beurre d'arachide car je suis un peu en manque…)

Cette année, c'est la première fois que je vis la journée du décès de mon père avec une certaine sérénité. Et ce sentiment me plaît.

8 h 15

Ma mère et moi entrons dans la voiture. Je n'ose pas trop lui parler. Comme chaque fois qu'il est question de mon père (sauf pendant qu'on faisait le *scrapbook*), c'est un moment assez délicat pour elle.

Moi (regardant autour de moi et constatant l'absence de son chum) : François ne vient pas avec nous ?

Ma mère : Non…

Elle ajoute que François est parti tôt ce matin.

Moi : Ça ne m'aurait pas dérangée, t'sais. Je ne pense plus du tout ce que je t'ai dit, la fois où…

Je fais référence à une chicane que j'ai eue avec ma mère où je lui avais dit des choses horribles, entre autres que je détestais François. Il est vrai que je l'ai déjà soupçonné d'être le diable réincarné, mais j'ai totalement changé d'opinion maintenant. Je le trouve cool.

Moi (je continue) : Il nous a aidées à faire le *scrapbook* et tout…

Ma mère : C'est quelque chose… que j'ai besoin de faire toute seule.

Son cou devient rouge. C'est le signal qui m'indique qu'il faut arrêter de parler ou bien faire une blague, mais je n'ai aucune blague en tête.

Nous passons le reste du trajet silencieuses, moi à écouter mon iPod et à faire quelques devoirs, ma mère à écouter un poste de radio de blabla (rien pour lui remonter le moral selon moi parce que très déprimant).

11 h 34

J'écoute attentivement le prêtre qui décrit toutes les belles qualités de mon père. C'est ma grand-mère qui les lui a dites et elle me lance de brefs regards pendant leur énumération. Puis, le prêtre dit :

– J'invite Aurélie Laflamme à s'avancer pour lire quelque chose qu'elle a écrit à la mémoire de son père.

11 h 45

Après la lecture de mon poème, je retourne m'asseoir sur mon banc. Contrairement à la soirée de poésie, je n'ai pas pleuré. Ma mère, par contre, a sorti un mouchoir et ma grand-mère, elle, s'est levée pour m'applaudir. Le reste de l'église l'a imitée. Disons que je me suis sentie fière.

12 h 03

En sortant de l'église, j'ai sursauté quand quelqu'un m'a touché le bras en disant à mon oreille :

– Aurélie, viens souper !

Je me suis retournée vivement et j'ai vu Gabriel, un ami que je me suis fait cet été, quand j'étais chez ma grand-mère. Nous avions convenu de ne pas nous donner de nouvelles, car nous habitons trop loin l'un de l'autre.

Moi : Hééééé ! Gabriel !

Gabriel : Vraiment cool, ton poème.

Moi : Cool ?

Gabriel : Ben… touchant, je veux dire.

Moi : Ah. Ouain.

Gabriel : As-tu le temps de marcher un peu avec moi ?

J'ai présenté Gabriel à ma mère qui s'approchait de nous et je lui ai demandé si ça la dérangeait que je marche avec lui. Elle m'a dit d'aller la rejoindre chez ma grand-mère pour le dîner dans une quinzaine de minutes.

12 h 06

Gabriel et moi avons marché derrière l'église, là où il y a un parc désert à cause de l'hiver. Nos pas font « scrounch, scrounch » dans la neige.

Gabriel : Pis, comment ça va à ta nouvelle école et tout ?

Je lui ai tout raconté. Les développements avec Nicolas. Comment il a appris que Gabriel et moi avions frenché. Toutes les blondes qu'il a eues après ça. Mon rendement scolaire nettement amélioré (quasi bollée) et mon nouveau chum, que j'avais d'abord pris pour un taxeur, ce qui a fait énormément rire Gabriel.

De son côté, il s'est fait une blonde qui s'appelle Amélie et il a dit (et je cite) :

– Je dois aimer les filles dont le nom commence par « a » et finit par « i ».

Ce à quoi j'ai répondu (et ça rime) :

– Hihihihihihi ! (Il devait même y avoir plus de « hihi », mais ce serait gênant de tous les noter et, bon, en plus, je ne les ai pas *vraiment* comptés.)

12 h 20

Devant la porte de chez ma grand-mère, j'ai dit à Gabriel que ça m'avait fait plaisir de le revoir et il a dit que lui aussi. Il m'a présenté ses condoléances pour mon père et, après l'avoir remercié, je suis entrée dans la maison, où une odeur de chaleur, de graisse et de pâte à crêpe (yééééééé) a envahi mes narines.

Ma mère : Je ne savais pas que tu t'étais fait un chum ici cet été !

Moi (rougissant) : Mais non ! C'est seulement un ami ! (Je me tourne vers ma grand-mère :) Qu'est-ce que tu lui as dit ?

Ma grand-mère : Rien, rien, rien ! Bon, venez manger vos crêpes ! Elles sont prêtes !

Hmmmmm ! Meilleures crêpes de l'univers, j'arriiiiiive !

12 h 34

Pendant le dîner, j'ai dit à ma mère et à ma grand-mère que j'avais un nouveau chum, Iohann.

Ma mère: Je croyais que tu sortais avec Tommy.

Moi: Franchement!!!!!!! C'est mon ami! Mamaaaaaaaaaaan! Aaaaaark!

Ma mère: Comment ça, «ark»? Il est *cute*!

Moi: Ben, je ne le vois pas comme ça, c'est mon ami. Franchement! Tommy!??!!!???! En tout cas, Iohann, c'est un sportif. Un gars assez populaire à l'école, même.

Ma mère: Populaire, hein? Ah, bon.

Je me tourne vers ma grand-mère qui a les larmes aux yeux.

Moi: Grand-m'man, ça va?

Ma grand-mère (qui s'essuie avec sa serviette): Oh, oui. Je suis seulement... tellement contente que vous soyez ici.

Ma mère prend la main de ma grand-mère, je lui prends l'autre main, je prends également une main de ma mère et nous nous regardons en silence pour savourer ce moment où nous connaissons exactement les détails de nos pensées, sans avoir besoin de nous les révéler. Puis, ma grand-mère se dégage et dit:

– Mangez, mangez! Ça va être froid.

Mardi 23 janvier

Après l'école, Tommy a reçu un appel de la station-service. Il est engagé comme pompiste. Il est vraiment content. Il nous a montré la guitare qu'il aimerait s'acheter avec l'argent qu'il gagnera. Paraît que c'est une guitare super *hot*. Utilisée par des rock stars et tout. Ah.

Je me demande ce que je ferais avec beaucoup d'argent.

16 h 57

Hum…

17 h 01

Tup tup tup. Beaucoup d'argent. Hum…

17 h 45

????

18 h 23

Moi : Maman, qu'est-ce que tu ferais avec beaucoup d'argent ?

Ma mère : Je referais faire la salle de bain. Peut-être que je redécorerais le salon. Je ferais sûrement un voyage. En Italie ! ! ! Et j'engagerais une femme de ménage.

Tout le monde a des buts, sauf moi (mais l'idée de la femme de ménage, je la trouve excellente).

Vendredi 26 janvier

Découverte du jour: Lorsque je perds mes cheveux dans la douche et que j'en fais une petite boule, que je laisse sur le support à savon pour que ça n'obstrue pas le drain, comme ma mère me l'a demandé, ça peut avoir l'air d'une araignée quand le jet d'eau la fait descendre jusque sur le plancher de la douche. Tenter de jeter la boule de cheveux immédiatement après ma douche pour éviter cette terreur inutile lors de mes futures douches (peut-être un des avantages du ménage dont ma mère m'a déjà parlé. Hum...).

Samedi 27 janvier

Je termine un devoir d'anglais (totalement faux! Je fais la grasse matinée dans mon lit en regardant la télé, je dis seulement l'affaire du devoir pour bien paraître) lorsque le téléphone sonne. Je réponds. C'est Kat, paniquée.

Moi: Qu'est-ce qu'il y a?

Kat (qui parle vite): Je suis super pressée, mes parents m'ont permis de t'appeler quand je leur ai dit que c'était une urgence nationale.

Moi: *My God*! Qu'est-ce qui se passe?

Kat (essoufflée) : Faut que je me dépêche, il faut que j'aille chez mes grands-parents…

Moi : OK… T'es pas obligée de m'avertir chaque fois que tu pars…

Kat : Non, c'est pas ça ! C'est juste que… Nicolas ! ! !

Moi : Quoi ? Je croyais que tu ne voulais plus qu'on en parle. (Je jette un coup d'œil rapide à l'heure.) Hé, Kat ! Il est 11 h 11, faut faire un vœu !

Kat : Je suis super pressée, Au ! Fait que ton vœu, là…

Moi (renonçant à faire un vœu, ce qui me déçoit un peu, mais bon, c'est ma meilleure amie, après tout) : OK… Crache.

Kat : Bon, Julyanne…

Moi : Oh, non, qu'est-ce qu'elle a fait encore ? ! ! !

Kat : Non, attends ! Elle est amie avec une fille qui s'appelle Sarah-Jeanne, qui est la sœur d'un ami du frère de Nicolas.

Moi : Euh… ?

Kat : Nicolas aurait dit à Max, qui l'aurait dit à Louis-Martin, qui l'a dit à Sarah-Jeanne, qui l'a ensuite dit à ma sœur qu'…

Moi : Je pense que tu vas faire exploser mon cerveau, Kat. Je me sens tout étourdie.

Kat : Il t'aime encore !

À venir : Évanouissement causé par surcharge excessive d'informations.

Note à moi-même : Je me demande quel vœu je pourrais bien faire, à présent. Il me semble qu'ils sont tous réalisés (certains trop tard, mais quand même, c'est la preuve que quelqu'un quelque part m'entend).

Février

Briller de mille feux

Jeudi 1er février

Miss Magazine

TEST : ES-TU NÉE POUR ÊTRE UNE STAR ?

1. Lorsque tu étais petite, comment t'amusais-tu ?

a) Tu essayais toujours de t'immiscer dans la gang de ton grand frère ou de ta grande sœur.

(b) Tu adorais jouer toute seule.

c) Tu rassemblais toute ta famille au salon pour lui présenter un spectacle.

2. Tu es chanteuse dans un groupe rock. Que fais-tu pendant l'entracte ?

a) Tu vas consulter ta page MySpace afin de voir si tu as de nouveaux amis.

(b) Tu angoisses sur le fait que tu n'arriveras pas à faire la deuxième partie.

c) Tu restes sur scène pour crier à la foule qu'elle est le meilleur public que tu as rencontré jusqu'ici.

3. Quelle est ta nourriture préférée ?

a) Tout le monde sait que les stars sont végétariennes, tout comme toi.

b) Le *fast-food*, qui est la nourriture par excellence en tournée.

c) Tu exiges un panier de chocolats dans ta loge avant chaque spectacle.

4. Tu es actrice dans une pièce de théâtre et ta covedette se trompe de réplique. Comment réagis-tu ?

a) Tu soupires et tu lui fais de gros yeux.

b) Tu es toute mêlée et jettes un regard d'appel à l'aide en coulisse.

c) Tu reprends sa réplique et tu enchaînes avec la tienne comme si de rien n'était.

5. À quelle cause humanitaire t'associes-tu ?

a) Sûrement pas à celle qui empêche les gens de porter du cuir ou de la fourrure, la marque de toute rock star qui se respecte !

b) Tu attends les offres pour choisir celle qui te convient le mieux.

c) Une cause à la mode du moment, comme l'environnement.

6. Que fais-tu pour rester au top ?

a) Être de tous les événements médiatiques.

b) Escalader le Kilimandjaro.

c) Une fois qu'on y est, on y reste, non ?

7. Le jour d'un spectacle important, tu te réveilles avec une grippe. Que fais-tu ?

a) Tu annules et tu demandes à ton gérant qu'il appelle un magazine de vedettes pour faire la page frontispice avec, en gros titre : « Comment j'ai survécu à ma grippe ».

b) Tu annules et tu rembourses tout le monde.
c) Il faudrait que tu sois à l'article de la mort pour ne pas monter sur scène et ainsi décevoir tes fans.

8. Qu'est-ce que ta famille pense de tes choix de carrière ?
a) Tu réalises le vieux rêve de ta mère.
b) Tout le monde t'encourage à suivre ta propre voie.
c) Tu t'es battue pour faire accepter tes choix.

9. Comment composes-tu avec la critique ?
a) Les critiques sont des frustrés !
b) Tu t'en sers pour t'améliorer.
c) Si c'est positif, tu l'acceptes ; si c'est négatif, c'est qu'ils n'ont rien compris.

10. Qu'est-ce qui, selon toi, peut mener quelqu'un à la célébrité ?
a) Ses contacts.
b) Son talent et beaucoup de travail.
c) Son flair naturel pour ce qui plaît au public.

11. Quel genre de star es-tu ?
a) La saveur du mois.
b) Celle qui a de la reconnaissance professionnelle.
c) Une légende, rien de moins.

12. Comment perçois-tu le monde du showbiz ?

a) Un monde glamour plein de vedettes.
b) Une montagne à escalader.
c) Un monde où tu gardes tes amis proches et tes ennemis plus proches encore.

13. Tu es la vedette d'un film et tu participes à une grosse conférence de presse pour en annoncer la sortie. Comment réagis-tu ?

a) Tu n'en reviens pas d'être là et tu as hâte de voir ce que ça va donner à la télé !
b) Tu fais la gaffe de dévoiler le punch final juste avant de renverser ton verre d'eau sur un critique réputé.
c) Tu réponds avec charme et grâce à toutes les questions qui t'avaient été au préalable fournies par ton attaché de presse.

14. Avec qui sors-tu ?

a) Une autre vedette avec qui tu fais souvent la une des magazines.
b) Quelqu'un que tu aimes, qui comprend ton métier.
c) Ton gérant, avec qui tu partages la même vision sur ta carrière.

15. Tu es au restaurant et on t'apporte la facture. Que fais-tu ?

a) Une facture ? Mais savent-ils seulement qui tu es ?
b) Tu paies en offrant un généreux pourboire au cas où on t'aurait reconnue.
c) C'est ta tournée !

Résultats

Une majorité de a)

Idole instantanée

Tu sembles croire que la popularité est la seule chose qui pourrait te rendre intéressante. Mais tu as tort. Être célèbre ne t'apportera rien de plus dans la vie que ce que tu as déjà, c'est-à-dire une famille, de vrais amis et une personnalité dynamique. Quand on a une passion, la reconnaissance est une conséquence et non un but à atteindre. Trouve ta passion et exerce-la, peu importe où ça te mènera. Tu oublies que n'importe quel métier ou statut demande un cheminement qui requiert beaucoup de travail et qu'il vient avec un lot d'avantages, mais aussi d'inconvénients. Lorsque tu fais un choix de carrière, demande-toi s'il te ressemble et si tu es prête à y mettre tous les efforts pour atteindre tes buts. Et essaie de faire en sorte que tes buts ne visent pas seulement la reconnaissance publique, mais qu'ils te permettent de faire ce qui te passionne et de mettre en valeur ton réel talent.

✱ **Une majorité de b)**

Sous les feux de la rampe

Tu rêves d'être au sommet, mais tu manques un peu de confiance en toi, ainsi que de volonté pour mettre tes talents à l'avant-plan. Comme tu ne sais pas trop où t'en aller, tu te laisses un peu voguer au gré de ce qu'on te propose. Tu as tout ce qu'il faut pour prendre part à l'action, mais tu restes à l'écart, convaincue que tu n'es pas digne de ceux que tu admires. Ne confie pas aux autres le rôle principal de ta propre vie. Découvre tes talents et apprends à les exploiter. Tu as tout ce qu'il faut pour réussir, il te manque seulement un peu de foi en toi !

Une majorité de c)
Voler la vedette
Tu sais exactement ce que tu veux dans la vie et comment faire pour atteindre tes buts. Tu as confiance en toi et, quand tu passes quelque part, pas de doute, on te remarque ! Tu attaches par contre un peu trop d'importance à l'attention qu'on te porte et tu as perdu de vue tes réelles passions. Souviens-toi de ce qui te fait vibrer et, surtout, ne perds pas de vue tes vrais amis, qui t'aiment pour ce que tu es et non pour ce que tu représentes. Le succès et la gloire n'ont aucune valeur si tu ne peux les partager avec des gens qui comptent vraiment pour toi.

Vendredi 2 février

J'ai un horaire hyper chargé ! Si le clonage était plus avancé, j'opterais sûrement pour cette solution. (Ce serait vraiment drôle que des archéologues du futur trouvent mes réflexions un jour et que le clonage soit effectivement très avancé à cette époque et qu'ils me trouvent hyper arriérée de ne pas avoir déjà mes clones.) Bref, je trouve quasi épuisant d'avoir autant d'activités ! En plus, je connais de plus en plus de monde à l'école. Hier, Sophie-Anne Ménard, une fille de mon école primaire qui ne m'aimait pas, m'a même saluée !

Un jour d'école comme les autres, sept ans plus tôt

Je suis en troisième année du primaire. Nous sommes dans la cour de récréation. Avant la cloche, Pauline Veilleux, notre professeure, m'a humiliée devant toute la classe en disant que j'étais toujours dans la lune et que, si ça continuait comme ça, j'allais couler mon année. À l'époque, je me tenais avec Rosalie Moisan (amitié que je perdrai trois ans plus tard à cause d'un gars, William Dorion). Bref, à la récré, Rosalie tentait de me rassurer sur ce qui venait de se passer avec madame Pauline. Puis, Sophie-Anne Ménard est arrivée près de nous et m'a fait remarquer que mon manteau était vraiment démodé. (La plupart des filles portaient une veste en jeans, mais je portais un manteau en je-ne-sais-pas-quel-tissu rose.) Même Rosalie, qui portait elle aussi une veste en jean, m'a fait remarquer que je devrais peut-être changer de manteau. Par la suite, Sophie-Anne n'a jamais arrêté de m'écœurer à l'école. Elle trouvait n'importe quel prétexte. Même lorsque j'ai réussi à convaincre ma mère de m'acheter une veste en jean, elle a fini par me traiter de copieuse. J'en suis venue à avoir peur d'aller à l'école, car j'étais épuisée de me faire constamment lancer des insultes. Ce n'était pas grand-chose et, quand j'en parlais à ma mère, elle me suggérait de les ignorer, ce que je réussissais à faire en apparence, mais pas à l'intérieur de moi. Aller à l'école est devenu simplement un stress. Ce n'était rien de grave, juste des taquineries de filles, mais assez pour me faire de la peine. Sophie-Anne avait également un frère d'un an plus vieux qu'elle, qui était au courant qu'elle m'avait prise en grippe, et il riait de moi parfois lui aussi.

Puis, quand mon père est décédé, Sophie-Anne est venue me dire qu'elle ne m'écœurerait plus. Et on ne s'est plus jamais parlé ni adressé la parole. Jusqu'à aujourd'hui.

Retour au vendredi 2 février

Étrangement, le fait que Sophie-Anne me dise bonjour (timidement, en plus) est comme une, disons, vengeance personnelle.

Je suis populaire... Je suis populaire? Moi?!?!???? Populaire!!! Wouhou!!!!

20 h

Étant très occupée avec mes devoirs, les pratiques de Iohann, mes amis et ma famille, je n'ai pas eu trop de temps pour me pencher sur ceci : Nicolas m'aime encore. (Je remarque ici l'absence d'utilisation du point d'exclamation, qui est pourtant un de mes points faibles, grammaticalement parlant. Habituellement, j'en abuse. C'est que j'ai eu droit à ce potin il y a quelques jours au téléphone, alors, l'effet de surprise étant passé, je ne voudrais pas utiliser une, disons, ponctuation malhonnête.)

En fait, je crois que, depuis quelques jours, je suis complètement abasourdie par cette nouvelle. Je ne peux y croire. Il m'aime encore ? Mais… ???? Deuh ???? Pfffff ! Hein ??? (J'échange mon abus de points d'exclamation pour un abus d'onomatopées. Bon, pas vraiment, en fait. Si c'était un abus à proprement parler, j'aurais ajouté « miaou », « wouf », « vroum », « pouf ».)

Bon, qu'on se le dise (en fait, que *je* me le dise), j'aime Iohann. Il est trop cool. Il est beau, gentil, extraordinaire, merveilleux et il a de magnifiques tendons de derrière de genoux, ce qui n'est vraiment pas donné à tout le monde ! (Je n'ai jamais vu Nicolas en bermudas, alors je ne peux comparer ses tendons de derrière de genoux avec ceux de Iohann.)

Avec Iohann, ce n'est pas un amour comme avec Nicolas. Je ne passe pas mon temps à vouloir respirer son odeur ni à désirer conserver ses gommes (ce qui, de toute façon, était complètement dégueulasse), et ça ne fait pas « titilititi » dans ma tête. Ce qui est une bonne chose. C'était tout à fait immature de ma part, tout ça. C'était un premier amour, je ne contrôlais pas tout à fait mon cerveau. Avec Iohann, il m'arrive parfois de ne plus contrôler mon cerveau, mais de façon moins, disons, flagrante. Ce qui me permet de passer avec lui plus de temps de qualité durant lequel j'ai carrément l'impression d'être une personne normale, ce qui me fait extrêmement de bien.

En plus, je rencontre plein de nouveaux amis !

Seul bémol, si je puis dire, à ce phénomène qui est de rencontrer de nouvelles personnes, je dois toujours raconter que mon père est décédé, et plus je rencontre de nouvelles personnes, plus je dois multiplier les fois où je le dis. Je réalise que raconter ma vie, que ce soit à mes grands-parents ou à des gens de mon âge, je n'aime pas ça du tout. En plus, si on me demande : « Que fait ton père dans la vie ? », et que je réponds qu'il est décédé, on me lance un regard de pitié qui m'énerve. Je ne fais pas pitié. Mon père est décédé, mais je ne fais pas pitié pour autant. J'ai une mère, une maison, un minou, des amis, un chum (pas n'importe qui, en plus : Iohann Martel !)... Pourquoi me lance-t-on ce regard de pitié ? Et, par la suite, quand je suis avec des gens à qui j'ai déjà révélé cette information sur moi et que d'autres personnes arrivent et que je devrai annoncer encore une fois ce détail sur ma vie, une des personnes qui m'entourent annonce elle-même la nouvelle à la personne en chuchotant, comme s'il fallait me préserver. Arrrggghhhhh !

Je n'aime pas qu'on me prenne en pitié ni qu'on me préserve !!!!!!!!!!!

Il est arrivé un événement dramatique dans ma vie, mais je ne suis pas une martyre, quand même !

Pour moi, la vie continue et c'est tout. Je ne me suis jamais plainte à personne.

J'en ai parlé à Kat et elle m'a dit (et je cite) :

– Ben quoi ? Préfères-tu que les gens applaudissent ou éclatent de rire ? Ils ne savent juste pas comment réagir, c'est tout. Tu ne vas pas t'empêcher toute ta vie de rencontrer du monde juste à cause de ça.

Ouain… Mettons.

Je n'aime pas ça pareil.

Alors, je me sens parfois obligée de me montrer un peu plus de bonne humeur que je ne le suis vraiment. Pour montrer qu'on n'a pas à me plaindre.

Malgré tout, je dois dire que je m'entends bien avec les filles que Kat qualifie de « perruches », surtout avec Frédérique. Le fait qu'elle et Iohann soient déjà sortis ensemble et qu'ils soient restés amis ne me dérange pas.

C'est un peu comme Nicolas et moi.

Pffff ! Pas du tout ! Ils sont beaucoup plus amis que Nicolas et moi, car Nicolas et moi ne nous envoyons que quelques courriels et nous croisons par hasard. D'ailleurs, depuis que j'ai appris… le « potin », je l'ai croisé quelques fois à l'école et on s'est salués poliment, sans plus. Tout était normal. (Ce que Kat m'a dit n'est peut-être qu'une rumeur. Après tout, ça vient de Julyanne, peut-on vraiment s'y fier ? C'est pourquoi je ne m'en fais pas trop avec ça.)

18 h 14

Sybil est frue contre moi parce que je n'ai pas voulu lui donner du spaghetti et que je l'ai repoussée vivement quand elle a sauté dans mon assiette. Elle me boude, on dirait.

Je crois qu'elle ne sait pas du tout ce que c'est d'avoir une vie extrêmement complexe, alors elle se fâche pour des futilités (ne pas pouvoir sauter dans une assiette de spaghetti à sa guise constitue pour elle une cause de frustration extrême). J'aimerais bien, tout comme elle, avoir une vie relaxante et pouvoir m'amuser avec un bout de fil qui dépasse d'un manteau, sans penser à rien d'autre. Mais ç'a l'air que la vie d'humain est plus compliquée que celle de chat. ET QUE NOUS AVONS À RÉSOUDRE DES QUESTIONS EXISTENTIELLES BEAUCOUP PLUS STRESSANTES QUE DE POUVOIR, OUI OU NON, SAUTER DANS DU SPAGHETTI !!!

Samedi 3 février

Ça fait combien de temps que je sors avec Iohann ? Doit-on compter à partir de notre premier french, ou à partir de la partie de basket après les fêtes, ou à partir de la fois où on est allés prendre un chocolat chaud au *fast-food* (que j'ai fait évacuer pour cause d'arachnophobie) ?

Toujours est-il que je l'ai, pour la première fois, vu (ou plutôt entendu) péter.

Tout ça s'est passé sous mes yeux (pas directement sous mes yeux, ç'aurait été carrément dégueulasse et, je dois dire, assez impoli de sa part), mais je veux dire que j'ai *vu* la scène.

Chez Iohann, il y a vingt minutes

Je suis entrée chez Iohann. Ses parents m'ont invitée à souper pour mieux me connaître.

Dans l'entrée, il y avait sa mère, son père et sa sœur, Laura, qui a à peu près l'âge de Julyanne. Ma mère m'avait donné un bouquet de fleurs que je devais offrir aux parents de Iohann (on a finalement été obligés de les mettre dehors parce que Iohann y est allergique). Leur maison est vraiment grande. (Ses parents sont tous les deux médecins.)

Sa mère est une femme assez grande, elle a les cheveux auburn (teints, avec une petite repousse blanche) et elle était vêtue d'un pantalon classique et d'un cardigan dans des tons de vert. Le père de Iohann a le front dégarni, mais il a les mêmes yeux bruns que Iohann et il porte la barbe. Sa sœur, qui semble timide, est un genre de version féminine de Iohann, avec des cheveux bruns très bouclés, sans doute plus grande que toutes les filles de son âge. Elle m'a dit bonjour, et elle est aussitôt descendue au sous-sol.

Sa mère a tout de suite pris mon manteau. Et m'a complimentée sur mon jean. J'ai fièrement dit :

– Ça vient de New York.

Sa mère a répondu :

– Aaaaaaaah !

(J'ai trouvé que c'était la réaction tout à fait appropriée.)

Puis, elle m'a annoncé qu'on mangerait des huîtres. J'ai lancé un regard de terreur à Iohann. Des huîtres, je trouve ça dé-gueu-la-sssssssssssse ! C'est visqueux et mou, et ç'a un goût de toilettes ! (Je n'ai jamais goûté à une toilette comme telle, mais je suis certaine que si quelqu'un osait y goûter, pour le *Livre des records Guinness* ou un truc du genre, et qu'un reporter lui demandait par la suite ce que ça goûte, il répondrait, après un instant de réflexion : « Les huîtres. »)

Sa mère a sans doute lu dans mes pensées, car elle a dit :

– Hon. Dis-moi pas que tu n'aimes pas ça ?

Moi : Euh… ben… c'est que…

Sa mère : Pas de problème ! Qu'est-ce que tu veux manger ? Je peux te faire n'importe quoi !

Moi : Non, non, dérangez-vous pas… Je…

Sa mère : J'espère que ce n'est pas moi que tu vouvoies, ma belle. Dis-moi « tu » et dis-moi ce que tu veux manger !

Moi : Euh… ben… si vous… tu… avez… as du spaghetti en conserve, ça va être correct.

Sa mère: C'est comme si c'était fait! Ce n'est pas tout à fait prêt, vous pouvez aller au sous-sol en attendant, je vous appellerai.

Quand nous sommes arrivés au sous-sol, Laura était assise sur un fauteuil et jouait avec une Nintendo DS.

Je me suis approchée d'elle et j'ai demandé:

– À quoi tu joues?

Laura: À *Hannah Montana*.

Moi: Ah oui?

Laura (en me montrant): Regarde, il faut que tu...

A suivi une conversation sur ce jeu, et je me disais que j'avais tout à fait réussi à conquérir le cœur de la sœur de mon chum (yé). Puis, Laura s'est levée en me disant qu'elle voulait me montrer quelque chose et m'a confié sa console de jeu, que j'ai observée en restant debout pendant que Iohann s'installait sur le fauteuil et allumait la télé à RDS, où des hommes parlaient du match de hockey et faisaient leurs prédictions et/ou commentaires. Je regardais distraitement la télé en jouant à *Hannah Montana* lorsque Laura est revenue, une petite disquette à la main, et a dit:

– Heille! C'était mon fauteuil!

Iohann: T'es partie. Qui va à la chasse perd sa place!

Laura: Je ne suis pas allée à la chasse, je suis allée chercher un jeu pour le montrer à Aurélie!

Iohann (sans détacher les yeux du téléviseur): C'est pas grave, on va manger dans deux minutes. Assoyez-vous ensemble sur le divan pour parler d'affaires de filles pendant que je regarde ça.

Moi : Iohann, c'est pas grave, donne-lui le fauteuil.

Il m'a regardée, il a regardé sa sœur, et c'est là qu'est arrivé, disons, l'événement qui marque sûrement une étape dans notre relation. Il a pété. Un gros pet. Bruyant. Puis, il a éclaté de rire et il s'est levé en disant :

– Tiens, ta chaise.

Laura : Ben lààààààààààààààààààà ! T'as pété dessus !

Iohann : Tu voulais la chaise, prends la chaise.

Laura : Je ne la veux plus ! Elle pue, c'est dégueulasse !

Iohann (en se rassoyant) : Merci !

Laura (se retournant vers moi) : Je ne sais pas comment vous faites, les filles de votre âge, pour vouloir sortir avec mon frère, c'est juste un gros niaiseux.

Iohann : Hé, reste polie.

Et ils ont continué à s'obstiner comme ça, sous mes yeux, comme si je n'étais pas là, ce qui m'a énormément rappelé Kat et Julyanne. Tout ça pour une chaise brune et laide qui a un trou sur le bras gauche.

(Merci, mon Dieu, d'avoir fait de moi une enfant unique. Je vous en serai éternellement reconnaissante.)

Une chance que j'avais un jeu vidéo entre les mains pour m'occuper.

Retour à 18 h 34

Madame Martel (du haut des escaliers): Venez soupeeeeeeeeeeer! C'est prêt!!!

18 h 43

Tout le monde mange des huîtres et je mange du spaghetti en boîte. Malgré tout, l'odeur des huîtres me donne un peu la nausée. J'essaie de ne pas faire entrer d'air par mes narines. Mais c'est quasi impossible de survivre sans respirer. Je m'en suis rendu compte quand la mère de Iohann m'a demandé si j'allais bien, car j'avais un peu le visage mauve.

Note à moi-même: Tenter de développer une autre technique de survie que la respiration.

18 h 54

Laura: Mamaaaaaaaan! Iohann me montre la bouffe qu'il a dans la bouche.

Madame Martel: Iohann, arrête ça. On a une invitée et c'est ta blonde. Amélie, tu ne dois pas trouver ça bien attrayant, un gars qui taquine sa sœur comme ça.

Moi: Euh… c'est Aurélie, mon nom.

Madame Martel: Oh, excuse-moi, ma belle.

En fait, je suis contente qu'elle se soit trompée de nom, ça m'a permis de ne pas répondre à sa question. Car, effectivement, je n'ai pas vraiment tripé sur la façon qu'a Iohann de taquiner sa sœur. En même temps, je ne sais pas ce que c'est, avoir une petite sœur. La seule petite sœur que je connais est Julyanne et elle est toujours dans nos pattes, à Kat et à moi. Donc, je ne peux sûrement pas comprendre.

En plus, je ne peux pas non plus dire à sa mère que ce n'est pas tant sa façon d'*agir* avec sa sœur qui est total *turn-off* que le fait qu'il ait pété devant moi pour pouvoir rester assis sur un fauteuil laid. Ça, ça m'a traumatisée solide. Ça me donne une nouvelle image de lui (lui en train de péter) que je n'avais pas vraiment envie d'avoir. Mais peut-être que, plus on se rapproche de quelqu'un, plus on se sent à l'aise et que c'est un bon signe. Hum…

21 h 13

Iohann a décidé de venir me reconduire à pied chez moi. Nous marchons dans la neige, main dans la main, silencieux. Il fait froid, je cache mon nez dans mon foulard et je regarde par terre la neige qui brille comme des diamants sous la lumière des lampadaires. Puis, je brise le silence pour demander :

– Ça fait combien de temps qu'on sort ensemble ? Depuis notre premier french ou depuis le *fast-food* ?

Iohann : Depuis notre premier french ! Comme ça, ça fait plus longtemps.

Il y a de ces phrases qui nous font tout oublier, même un bruit de pet.

Mardi 6 février

Monsieur Létourneau s'évertue à parler tout en écrivant des choses au tableau, alors que personne ne l'écoute.

Je capte tout de même ceci : il paraît que l'empereur Napoléon empêchait les Anglais de s'approvisionner dans les pays forestiers de la mer Baltique. Quel dictateur ! Il me fait énormément penser à ma mère !

C'est vrai !

Ma mère refuse que je m'approvisionne dans les centres commerciaux ! Elle a dit :

– Tu viens d'avoir un nouveau jean.

Euh ???? Oui. Mais on parle ici d'un jean. UN. Je ne peux pas le porter tous. les. jours.

J'ai plein de nouvelles activités, de nouveaux amis, des partys, j'assiste à des parties de basket-ball et bientôt de soccer (puisque Iohann est dans les deux équipes), en plus de l'école. Alors, j'ai demandé (ce qui est tout à fait normal) à ma mère de m'acheter de nouveaux vêtements. Je ne vais quand même pas toujours porter la même chose ! En plus, je trouve que mon ancien look n'est pas vraiment, disons, féminin.

Même la chanteuse Avril Lavigne, l'autre jour, racontait à MusiquePlus qu'elle avait vieilli, changé. Qu'elle était passée de *tomboy* à femme. FEMME. Elle porte même des talons hauts ! Et on parle ici d'Avril Lavigne, qui crachait pourtant sur ce genre de symbole de la féminité il n'y a pas si longtemps ! Alors pourquoi est-ce que, moi, je ne pourrais pas être un peu plus coquette ?

Même chose pour un cellulaire. J'avais pensé que ça pourrait être pratique que j'en aie un. Étant donné toutes mes nouvelles activités, je suis assez difficile à joindre. Kat et Tommy m'en ont fait la remarque. Même ma mère a utilisé l'autre jour l'expression « coup de vent » pour décrire ma nouvelle personnalité-avec-horaire-chargé.

Je lui parlais donc hier soir, au souper, de mon désir de nouveaux vêtements et de cellulaire, et elle a dit (et je cite) :

– Si tu veux te sentir plus adulte, je vais t'acheter des REÉR.

Moi : J'ai pas dit « adulte » ! J'ai dit « femme » ! ! ! F-E-M-M-E !

Ma mère : Ben oui, une femme, ç'a des REÉR ! Et ça n'a pas d'argent pour s'acheter des choses inutiles !

Moi (avec un air de défi) : Comme un humidificateur…

François s'est étouffé avec sa bouchée (je le soupçonne d'avoir voulu réprimer un éclat de rire).

À ce moment, si on avait été dans un dessin animé, ma mère aurait sûrement eu de la boucane qui lui serait sortie par les oreilles. Dans *South Park*, sa tête aurait carrément explosé. Boum !

Ma mère : Tu as assez de vêtements comme ça. Et le cellulaire, c'est hors de question.

Moi : Oui, mais… Si je me fais enlever, je pourrais t'appeler avec mon cellulaire.

Ma mère : Tu ne penses pas que les kidnappeurs s'arrangeraient pour t'enlever ton cellulaire en tout premier lieu ?

Moi : Meh, rapport ? ! ? Je ne me ferai pas enlever.

Ma mère : Bon, ben tu n'as pas besoin de cellulaire, alors.

Moi : T'en as un, toi ! ! !

Ma mère : Je travaille. Je m'en sers pour le travail.

Note à moi-même : Il est absolument impossible de discuter avec ma mère. Vérifier si elle a son syndrome prémenstruel et m'arranger pour ne plus lui demander quoi que ce soit pendant cette période. Noter carrément son cycle sur mon calendrier. (Bon plan.)

11 h 59

Il reste exactement cinquante et une secondes avant que la cloche annonçant la fin du cours sonne. Je commence à ramasser mes affaires et à les ranger discrètement dans mon sac. Mon ventre gargouille. J'ai faim.

12 h 00

La cloche sonne. Je bondis de ma chaise et me dirige vers la porte de sortie. Kat me rejoint et me dit qu'elle aime bien les cours d'histoire, car à une autre époque, les gens utilisaient les chevaux comme moyen de transport, ce qu'elle aimerait aussi. Elle m'avoue qu'elle s'ennuie de ses cours d'équitation, qui ne reprendront pas avant le mois de mai.

Une gang de gens que je ne connais pas passent près de nous et me saluent.

Kat : C'est qui, eux ?

Moi (haussant les épaules) : J'sais pas.

12 h 05

On s'arrête près de nos cases pour prendre nos lunchs. Pendant que je l'attends, Kat, en fouillant dans son casier, un peu dans la lune (ou carrément dans les vapes), fredonne la chanson *Alexis*, d'Isabelle Boulay.

Kat : Depuis le premier jour, j'ai su que je t'aimais… lalalalalalaaaaaa.

Moi : Euh… Kat ? Tu chantes la toune du film *Séraphin*. Je sais bien qu'il y a des chevaux dans ce film, mais… tu n'es pas obligée de triper sur *tout* ce qui se fait avec des chevaux juste parce que tu tripes sur l'équitation, t'sais !

Kat : Euh… Ouain, t'as raison. Hihi !

Moi : Tu… tripes sur le gars du Club Sciences, avoue !

Kat : Chuuuuuuuuuuuuuut !

Si je puis me permettre un commentaire, quand mon cerveau m'envoie des messages, ils sont plus subtils. Souvent, ils sont en anglais. Et je ne les comprends pas (car cette langue ne me rentre pas dans la tête, sans doute pour cause de patriotisme extrême, j'ai un cerveau extrêmement loyal). Mais le cerveau de Kat lui envoie tout de suite l'évidence. Une chanson avec le nom du gars qui commence par : « Depuis le premier jour, j'ai su que je t'aimais. » Vraiment pas subtil.

Je crois que je l'envie un peu. Elle n'a pas à se poser de questions, tout est clair. Ça doit être absolument relaxant d'avoir son cerveau au diapason de ses émotions.

Kat, avec un petit regard coquin, sort son agenda de son sac et me montre toutes les pages où elle a écrit le nom d'Alexis, les dessins qu'elle a faits de lui, et elle a même noté, depuis qu'elle l'a rencontré, les regards qu'il lui lançait en fonction des vêtements qu'elle portait. Selon ses statistiques, son « kit » préféré est son jean, qu'elle porte avec une ceinture rose, et son chandail kangourou noir avec les têtes de mort roses.

Moi (résignée) : OK, c'est quoi, le plan ?

12 h 43

L'heure est grave. J'ai dit à Iohann que j'avais des « affaires de filles » à régler. Kat a catégoriquement refusé que je lui fasse part de notre secret, ce qui, selon moi, aurait pu aider la cause, car Iohann connaît tout le monde.

Plan : Kat et moi attendons aux cases et, lorsque Alexis arrivera, nous allons passer devant lui et je dois l'observer pour voir s'il la regarde.

12 h 54

Il arrive !

Action !

Kat et moi commençons à marcher dans sa direction et j'observe sa réaction du coin de l'œil.

Résultat : Il ne l'a pas regardée, mais il ne faut pas nécessairement en tirer des conclusions négatives (selon Jean-Félix, qui nous a fait remarquer que nous étions très peu subtiles dans notre façon de passer près d'Alexis).

12 h 55

Nous sommes assez gênées que Jean-Félix nous ait vues. Il nous a dit que ce qu'on faisait paraissait vraiment trop.

12 h 57

Iohann est arrivé près de nous, a regardé autour de lui, m'a donné un bisou sur la joue et m'a dit :

– Salut, ma blonde. Je te cherchais. Avez-vous fait vos affaires de filles ?

On le suit vers sa case.

Moi : Euh… oui. Euh… Iohann ? Ce serait cool de faire un party chez vous.

Kat me donne des coups sur le bras (total sauvagement, selon moi) et me fait de gros yeux en chuchotant « Non ! ».

Iohann nous regarde et Kat arrête de me battre. Puis il dit :

– Oui, cool.

Moi : Tu pourrais inviter plein de monde, comme Mattéo, Roxanne, Gonzo, Frédérique, Nadège et… Alexis.

Un peu fâchée, Kat me donne encore des coups de coude et je rigole en silence en tentant de me protéger. Iohann se retourne, intrigué, mais nous nous arrêtons net.

Iohann : OK, cool, bonne idée.

Il arrive près de sa case et, dans son dos, Kat me montre finalement sa joie et nous nous prenons les mains en sautant et en nous faisant de grands sourires, la bouche très étirée.

Iohann (en se retournant) : Coudonc, vous avez vraiment le goût de faire le party.

Moi : Ouain, correct.

Iohann nous regarde, perplexe, se retourne pour prendre des livres dans sa case, et Kat et moi rions.

Iohann : Ouain, on peut peut-être faire ça la semaine prochaine. Je vais inviter une couple de personnes.

Jeudi 8 février

Ma-lai-se.

J'ai croisé Nicolas tout à l'heure entre le cours de maths et celui de sciences physiques.

Ce n'est pas que je cherche à l'éviter. Non, non. Pas du tout ! Après tout, nos quelques échanges par courriel pendant le temps des fêtes étaient rigolos. Bon, « rigolos », il faut s'entendre. Je ne me tordais pas de rire devant mon ordinateur chaque fois que je recevais un courriel de lui. C'était plutôt, disons, sympathique. Oui, c'est ça. Sympathique.

Mais disons que, depuis que Kat m'a révélé « le potin », je ne cherche pas trop à être en contact avec lui. Je ne sais pas pourquoi, ça me rend mal à l'aise de savoir ce que je sais.

Mais bon, tout ça pour dire que nous sommes arrivés face à face, dans le corridor menant à mon cours de sciences physiques.

(Et impossible de faire semblant que j'étais distraite et que je ne l'avais pas vu, car nos regards se sont croisés.)

Lui : Oh, salut.

À ce moment précis, je me suis demandé s'il savait que je sais.

Moi : Salut.

Comme plus personne ne disait rien, j'ai dit :

– Je… vais voir du hockey samedi.

En effet, samedi, je suis pognée pour aller voir une partie de hockey au Centre Bell, organisée par François pour son entreprise. Ma mère m'a annoncé ça ce matin. Elle m'a dit ça comme si de rien n'était, en sortant la boîte de céréales du garde-manger. Je lui ai demandé pourquoi je devais y aller (j'ai une vie, moi !) et elle a répondu :

– Parce que c'est de même.

Tssss ! Méchant argument béton !

Je lui ai dit que je ne l'obligeais pas à venir voir les parties de basket de mon chum. Elle a répondu :

– Ce n'est pas pareil.

Euh… oui. Trop pareil ?!?!!!

En fait, non. François ne joue pas. Il est seulement l'organisateur, et ma mère m'a dit qu'elle aimerait bien me présenter à ses collègues. Et, surtout, en tant que blonde du boss, ce serait mal vu qu'elle n'emmène pas sa fille alors que c'est une activité « familiale ».

Mais, allez savoir pourquoi, parmi les milliers de choses que j'aurais pu dire à Nicolas, j'ai choisi de lui dire *ça*. (Peut-être que mon cerveau l'a associé au hockey, car je sais qu'il joue, ce n'est pas *si* fou que ça, mais ce n'est pas top intelligent non plus.)

Nicolas : Cool. Tu vas voir les Canadiens ?

Moi : Euh... Non, mais... c'est au Centre Bell. C'est le chum de ma mère qui organise ça pour son entreprise.

Nicolas : Ah ouain ? Cool.

Moi : Ouain, tripant.

Je ne sais pas du tout pourquoi je dis que ce sera tripant alors que ça me tente d'aller là autant que de me faire arracher une dent.

Nicolas : Bon, ben... faut que j'aille à mon cours.

Moi : Ah, euh... moi aussi.

Note à moi-même : Ma mère semble avoir une influence considérable sur mon cerveau. Tenter de rectifier la situation.

Note à moi-même n° 2 : Si ma mère m'avait parlé d'un sujet extrêmement profond, comme la guerre, j'aurais eu l'air beaucoup plus intelligente devant Nicolas.

À l'agenda : Dire à ma mère de diversifier ses champs d'intérêt.

Vendredi 9 février

Je farfouille dans la trousse de maquillage de ma mère à la recherche de belles ombres à paupières. Et d'un mascara. Et d'un crayon *eye-liner*. Et d'un *gloss*. Je voudrais me maquiller pour le party.

Farfouille, farfouille, farfouille.

18 h 01

Depuis quand est-ce que j'utilise l'expression « farfouiller » ? Ce n'est total pas mon genre.

Note à moi-même : Arrêter ça tout de suite. C'est laid et ça me donne l'impression d'être carrément une taupe ou une marmotte. (Quelle est la différence ? Ce sont des synonymes, ou juste deux animaux qui « farfouillent » la terre pour se faire des souterrains ? Si tel est le cas, pourquoi prendre la peine de leur donner des noms différents ? Oh, la langue française ! Tellement compliquée !)

18 h 02

Ma mère entre dans la salle de bain et me surprend en flagrant délit de « farfouillage ».

Moi : Euh... Euhm...

Ma mère : C'est ben correct. Tu peux te servir. Je te l'ai déjà dit. Ça me fait plaisir qu'on partage nos affaires de filles !

18 h 15

Ma mère m'a donné plein d'échantillons de maquillage, qu'elle reçoit gratuitement quand elle achète des produits très chers. Elle m'a déjà dit qu'elle ne paierait jamais cent dollars pour une jupe, mais elle peut payer cent dollars pour des produits de beauté. Vraiment, ma mère et la logique, ça fait deux ! Mais bon, je suis contente de mon nouveau maquillage.

19 h 13

J'arrive au party chez Iohann avec Tommy, Kat et Jean-Félix, en hochant la tête au son de la musique que j'entends. Je me sens déjà envahie par le rythme.

19 h 20

Tommy a repéré le jeu *Rock Band* et il convainc quelques personnes de jouer avec lui.

19 h 21

Je pointe Alexis, que je vois avec une gang, à Kat. Je comprends pourquoi elle tripe sur lui, il a un look qui rappelle vaguement David Desrosiers, de Simple Plan.

20 h 37

Le plan : Kat doit aller parler à Alexis du Club Sciences, des avantages de s'y inscrire et tout. Si Alexis participe à la conversation, ça veut dire qu'il est intéressé, sinon, il faut qu'elle change de *prospect*.

20 h 41

Kat s'avance timidement vers Alexis. Elle se tourne pour me lancer un regard terrifié. Je l'encourage à poursuivre. Elle arrive près de lui et lui tapote l'épaule avec son index. Il se retourne. La musique ne me permet absolument pas d'entendre ce qu'elle lui dit. Et je pense que la position de mon corps (tête penchée vers l'avant) pourrait paraître louche.

20 h 42

– Qu'est-ce que tu fais ?

Je sursaute. C'est Iohann. Il me tend une poignée de chips.

Moi : Oh, euh… je m'avançais comme ça parce que… je voulais bien entendre les paroles de cette chanson.

Iohann : Les paroles de *Sexy Back* ? de Justin Timberlake ?

Moi : Oui… j'essayais de pogner le… deuxième niveau.

Iohann : Ah.

Il commence à être attentif à la chanson et je feins de m'y intéresser, « artistiquement parlant », pour ne pas avoir à lui dire que je tentais d'écouter Kat.

20 h 45

Kat revient avec un air déçu et me dit, en passant son regard de Iohann à moi :

– Au, viens-tu aux toilettes avec moi ?

On se dirige vers les toilettes. Dans un coin, hors de la vue des gens du party, je lance :

– Pis ? ? ? ? ? ? ? ! ! ! ! ! !

Kat: Ben… il m'a parlé des avantages du Club Sciences.

Moi: Ouhhhh!

Kat: Pas « ouh ». Il a parlé de ça, puis il s'est retourné vers sa gang. Pourquoi ça ne marche jamais, mes affaires avec les gars?

– Je pense que tu ne devrais pas être déçue pour un moron qui ne remarque pas la fille géniale que t'es.

Kat et moi nous retournons et apercevons Jean-Félix.

20 h 51

Kat a commencé à raconter qu'elle aimerait vraiment avoir un chum, qu'elle a eu le cœur brisé l'an dernier. Que c'est sa fête dans un mois et qu'elle aimerait bien vivre une histoire d'amour. Jean-Félix lui a proposé de s'asseoir avec lui dans un gros fauteuil à deux places et il l'a écoutée. Au début, je me suis assise sur l'accoudoir et je me suis jointe à la conversation, mais rapidement j'ai pensé qu'ils se comprenaient, alors je les ai laissés dans leur bulle et je suis allée retrouver Iohann, qui avait décidé de jouer de la batterie dans *Rock Band*. J'ai donc encouragé Iohann et Tommy dans leur jeu. (Le bruit de la batterie qui fait poc poc poc me tape un peu sur les nerfs.)

Puis, tout à coup, j'ai réalisé que, chaque fois que je vais dans un party, je me sens un peu seule. Et une foule de souvenirs m'a submergée. Comme la fois où, durant un party, je m'étais assise dans un pouf et que, incapable d'en sortir gracieusement, j'avais décliné l'invitation de Nicolas à danser. Nicolas. Je regarde autour de moi et remarque son absence. Absence évidente, puisqu'il n'est pas ami avec Iohann.

Et je ris en repensant à toutes les niaiseries que j'ai pu faire devant lui. Comme cette fois où je lui ai craché une gomme dans le visage en tentant de faire une balloune. Ou cette fois où je l'ai poussé dans un banc de neige parce j'avais aperçu Kat au loin et que je ne voulais pas qu'elle découvre que j'avais un chum…

Frédérique et Roxanne me rejoignent et me demandent pourquoi je ris. Je leur dis que je repensais à des gaffes niaiseuses que j'ai faites devant un gars sur qui je tripais. Et elles ont commencé à me raconter leurs souvenirs de ce genre.

22 h 02

J'ai papoté toute la soirée avec Frédérique et Roxanne. Finalement, je me sens super bien avec les amis de Iohann. C'est chouette de se faire de nouveaux amis.

22 h 03

Je ne dis jamais ça, « papoter ». Qu'est-ce qui m'arrive ? Quand on vieillit, on subit une mise à jour, côté vocabulaire ? Comme un ordinateur ?

22 h 04

Mise à jour refusée !

22 h 05

Ce n'est pas que je sois réfractaire au changement. Non. Loin de là. C'est juste que j'aimerais que le changement s'opère ailleurs que dans un vocabulaire qui semble tout droit sorti d'un livre pour enfants ! (Genre, je pourrais avoir plus de seins. Ça, ce serait une mise à jour convenable !)

Samedi 10 février

J'ai dû me lever au chant du coq. (Honnêtement, je n'ai absolument aucune idée de l'heure à laquelle chantent les coqs et je n'ai pas non plus de coqs comme tels dans mon entourage, mais, selon cette expression, ils chantent de bonne heure, tout à fait comme mon réveil ! Un jour de fin de semaine en plus ! Ma mère ne semble pas au courant de mon besoin de repos après une dure semaine scolaire.) Comme la partie de hockey organisée par François a lieu au Centre Bell et que l'endroit n'est réservé que jusqu'à quinze heures, ça commence très très tôt (X 1000).

9 h 32

Nous sommes sur le point de partir. Je me sens déjà un peu bougonne lorsque ma mère me lance :

– Combien de fois il va falloir que je te dise de mettre ta tuque ?

Moi : Je n'en ai pas besoin !

Ma mère : Il fait moins vingt dehors !

Moi : C'est une question de sang, je crois. Le mien doit mieux supporter le froid.

Ma mère : On ne part pas tant que tu n'as pas mis ta tuque.

J'ai failli sauter sur l'occasion pour lui annoncer que je restais à la maison (ç'aurait été l'idéal). Franchement, quel argument à donner à quelqu'un qui ne veut pas aller quelque part !

Comme si on m'avait enlevée et que mon kidnappeur me disait : « Si tu ne manges pas ton boudin, je te libère. » Le choix serait facile en titi !

9 h 34

Ma mère : Tu viens, oui ou non ?

Puis-je vraiment répondre *sincèrement* à la question ?

Si je répondais avec sincérité, je dirais : « Non, je préférerais être avec Iohann, Kat ou Tommy. »

Moi : Je ne trouve pas ma tuque.

Je suis dans la penderie, dans le vestibule, à chercher dans tous les racoins sans succès. Il me semble que je l'avais mise là, la dernière fois. Et elle a disparu.

Arrrgggh ! Je déteste ça, les phénomènes surnaturels !

Ma mère : Essaie de te rappeler où tu l'as mise la dernière fois.

Qu'est-ce qu'elle pense que je fais ? Elle me prend pour une attardée ou quoi ?

Ma mère : Essaie de repenser à tous les derniers gestes que tu as faits avec ta tuque.

Justement, je l'ai cachée là pour ne plus la trouver vu qu'elle n'arrête pas de me dire de la mettre et que je n'en ai pas besoin.

Je lui lance un regard qui signifie que j'aimerais qu'elle arrête de me mettre de la pression au sujet de ma tuque. (Mais, comme d'habitude, elle ne peut comprendre les subtilités de regard qui en disent long sur ce que pensent les gens.)

Ma mère : Pourquoi tu ne regardes pas dans ton sac d'école ?

Moi : Meh ?!? Pourquoi ???!!! Je n'aurais jamais mis ma tuque là.

Ma mère : Regarde au cas où.

Je me penche vers mon sac placé à côté de la porte et je commence à fouiller.

Moi : Tu vois ! Elle n'est pas…

Soudain, je la vois entre deux livres et je sens mes joues chauffer. Je me souviens subitement que je l'avais mise sur ma tête en sortant et que, à quelques pas de la maison, je l'avais enlevée et enfouie au fond de mon sac.

Ma mère : J'ai déjà été jeune, moi aussi, tu sauras. Et quand tu auras attrapé une engelure comme moi, tu mettras ta tuque et tu feras comme moi avec tes enfants.

Sans commentaire.

10 h 30

Ma mère et moi arrivons au Centre Bell et nous y rejoignons François. Ma mère me présente à ses collègues de travail. J'enlève ma tuque, et ma mère et quelques collègues éclatent de rire.

Moi : Quoi ?!?!!

Ma mère : T'as plein de statique dans les cheveux. (Elle commence à fouiller dans sa sacoche.) Attends, j'ai de la crème à mains.

Moi (un peu frue, à son oreille) : C'est ça que ça fait, une tuque.

10 h 45

François me présente à tout le monde. Je souris. Je serre des mains. Il y a d'autres jeunes de mon âge. Et des enfants.

10 h 48

François me présente à une dame qui s'appelle Denise Patry, une de leurs clientes, qui tient la main d'un petit garçon d'environ six ans qui se tord en disant : « Maman ! Faut que j'aille aux toilettes ! »

Denise : Je t'ai dit d'attendre deux minutes, Antoine.

Moi : Vous voulez que j'y aille avec lui ?

Antoine : Noooooon !

Sa mère : Oui, vas-y avec la belle Aurélie, je vais t'attendre ici.

11 h 05

Je ne sais pas ce qui s'est passé, mais Antoine tripe carrément sur moi. Il ne veut plus me lâcher la main. Et il ne veut plus retourner s'asseoir avec sa mère, mais plutôt rester avec moi.

11 h 35

En pénétrant la salle, un vent frais me fouette le visage. Et une odeur. Ça sent un mélange de glace, de ciment et de… hot-dogs.

Le petit Antoine s'assoit à côté de moi et n'a d'yeux que pour moi. Comme il fait un peu froid, je garde mon manteau.

Ma mère : Tu n'es pas censée avoir du sang qui peut supporter le froid, toi ?

Ha. Ha. Très. Drôle.

Voix de l'annonceur : « Bienvenue au match amical blablabla, compagnie de marketing blablabla, opposant les Blancs aux Bleus. Je vous prie de participer à l'encan silencieux pour gagner deux billets pour le match opposant les Penguins de Pittsburgh aux Canadiens de Montréal, dont les profits seront versés à blablabla… »

François : Je vais me chercher un chips, voulez-vous quelque chose ?

Moi : Non.

Denise, la mère d'Antoine, vient vers nous et me dit :

– Je m'excuse pour mon fils… Est-ce qu'il te dérange ?

Moi : Non, non, c'est correct, on s'entend bien.

Antoine (en m'embrassant la main) : C'est mon amoureuse.

Il est *cute*…

Voix de l'annonceur : « … participer au concours qui permettra à un enfant de faire un tour de Zamboni entre la deuxième et la troisième période, blabla… »

Moi : François, je prendrais un hot-dog, s'il te plaît, finalement.

Antoine : Moi aussi !

La mère d'Antoine : Je vais te donner les sous, François.

François : C'est correct, c'est ma tournée. France, tu veux quelque chose ?

Ma mère : Je prendrais un hot-dog moi aussi.

On plie nos jambes pour laisser passer François dans l'allée.

11h 45

Le DJ passe la chanson *Thunderstruck* d'AC/DC. La mascotte Youppi arrive sur la glace, présentée par l'annonceur et acclamée par la foule (qui, bien que restreinte aux familles des joueurs, aux employés de l'entreprise et aux clients, est assez bruyante). Puis, chaque joueur est présenté, et chacun fait un petit mouvement de patin quand il arrive sur la patinoire. Tout le monde crie.

11 h 47

Are you readyyyyyyyyyyyyyyyyyyy? résonne dans le Centre Bell, suivi de la chanson de la mise au jeu, après quoi la partie commence, dans le bruit des bâtons de hockey qui s'entrechoquent.

13 h 34

Je suis vraiment concentrée sur le match. Le numéro 19 de l'équipe des Blancs vient de faire une passe au numéro 3 de l'équipe des Blancs, qui a ensuite failli se faire enlever la rondelle par le numéro 53 de l'équipe des Bleus, mais il a fait une feinte et a passé la rondelle au numéro 16 de l'équipe des Blancs, qui a compté un but dans le filet de l'équipe des Bleus !

Pour la première fois, je suis fascinée par ce sport qui, jusque-là, était pour moi un mystère. (Une gang de gars courant après une rondelle : ça me semblait sans aucun but.) Mais je regarde ces joueurs sans grande expérience, et je trouve que chacun a un style sur la patinoire, et je suis fascinée par le travail d'équipe.

Ce que j'aime surtout du hockey (ça se peut que ces éléments ne soient pas en ordre de préférence) :

- le son des patins qui font « schlick schlick » sur la glace ;
- Youppi. Il est vraiment cool. Et le rouge du chandail des Canadiens lui va mieux que le bleu du chandail des Expos (son ancienne équipe de base-ball) ;
- les jeux entre les joueurs.

13 h 37

Je suis surprise de découvrir que je suis carrément une fan de hockey !

13 h 38

C'est normal que je sois surprise, puisque je viens juste de le découvrir…

13 h 40

Mon nouvel « amoureux » (qui me donne toujours des petits bisous sur la main) aimerait qu'on aille dire bonjour à Youppi qui se promène dans les rangées.

Sa mère me dit encore une fois que, s'il me dérange, je peux le lui dire sans problème, mais il ne me dérange pas, je le trouve assez sympathique (la seule chose – et je n'en parlerai jamais à ma mère –, c'est que je commence à avoir un peu froid aux mains et, si je ne tenais pas celle d'Antoine, je mettrais des gants…).

13 h 52

Entre la deuxième et la troisième période, les hockeyeurs vont prendre une pause dans le vestiaire et je me lève avec Antoine pour aller voir Youppi. Sa mère m'a donné une caméra pour que je le prenne en photo avec la mascotte.

13 h 54

J'arrive près de Youppi et je dis à Antoine de se placer près de lui et de sourire. Je prends la photo et, tout de suite après le déclic, Antoine vient me rejoindre. Il me tend la main et regarde sur l'écran de la caméra pour voir si la photo est réussie. Youppi vient vers nous, observe lui aussi le résultat et me frotte les cheveux.

Je regarde Youppi, un peu stupéfaite qu'il se soit permis de me toucher la tête, comme ça, sans crier gare et, en replaçant les cheveux qu'il a ébouriffés, je constate qu'ils sont de nouveau pleins de statique (espèce de gros bonhomme orange sans aucune conscience de l'esthétique féminine!), lorsque la voix de l'annonceur clame: « Et la gagnante du tour de Zamboni se nomme… AURÉLIE LAFLAMME! »

Je veux mourir. Là. Tout de suite. Je reste paralysée (seuls mes cheveux continuent de flotter dans les airs). Sans que je m'en rende trop compte, Antoine retourne vers sa mère, Youppi pointe un doigt vers moi et applaudit, et je vois du coin de l'œil François parler à l'oreille de ma mère qui éclate de rire. Je les regarde avec des points d'interrogation dans les yeux et François se pointe la poitrine. Je comprends que c'est lui qui m'a inscrite.

Voix de l'annonceur: «On demande à AURÉLIE LAFLAMME de se présenter pour son tour de Zamboni!»

C'est un cauchemar. C'est clair. Je regarde pour voir si je suis habillée. Fiou. Ce n'est pas un de ces cauchemars où je suis toute nue devant la foule. Au moins, je suis habillée. Mais, normalement, je devrais me réveiller ici. Maintenant.

13 h 56

Je suis assise sur le siège du passager de la Zamboni. Je tente de lisser mes cheveux, mais plus j'y touche, plus ils s'envolent. Le conducteur me dit de sourire et de saluer la foule. Je me sens comme si on me torturait. Comme si j'étais attachée là.

13 h 57

Je force un sourire et je salue sans conviction la foule.

13 h 58

J'aperçois ma mère qui me fait signe que quelque chose ne tourne pas rond avec mes cheveux. JE LE SAIS!!!!!!!!!! (Je suis sûre qu'elle ira en enfer pour m'avoir obligée à porter une tuque qui cause la statique. Espèce de marâtre!)

14 h 01

Une Zamboni, ça avance extrêmement leeeeenteeeeeemeeeeeent. Deux Zambonis se croisent sur la glace et l'autre conducteur me sourit. Le conducteur de ma Zamboni m'explique à quoi servent les boutons (je ne l'écoute pas, car, soyons bien honnête, ces informations ne me serviront jamais à rien), puis me demande où je vais à l'école et tout. Questions normales d'adulte ne sachant pas quoi me dire. Je voudrais seulement que ça finisse.

14 h 02

Je dois faire un aveu: la Zamboni, c'est un moyen de transport assez relax. Pas du tout comme de faire un tour de manège à la Ronde. Mais je trouve ça chouette d'avoir gagné. D'un autre côté (et c'est lui qui prend le dessus), je trouve ça comme… VRAIMENT CAVE!!!!!!!!

20 h

Dans la chambre de Tommy.

Tommy: Chanceuuuuuuuuuuuse! Je suis souvent allé au hockey avec mon père et c'est mon rêve de faire un tour de Zamboni!

Moi: Ton rêve?

Tommy: *Un* de mes rêves.

Moi: Fiou, parce que je ne trouvais pas que t'avais des rêves très ambitieux. Devenir champion à *Guitar Hero* et faire un tour de Zamboni. Tout un avenir!

Tommy: Pis toi, Laf? Tes rêves? Ton avenir?

Moi: Heille, la température, là, ces temps-ci… iiiii, pas fort, hein? Il neige, il neige, il fait froid… ouf… On ne sait jamais comment s'habiller…

N'importe quoi pour changer de sujet. (Tommy s'en est rendu compte, car il m'a fait un sourire particulièrement arrogant, selon mes critères en matière de sourires.)

Lundi 12 février

Ma mère est rentrée du travail surexcitée. Elle a déposé sa mallette sur un fauteuil, a lancé son manteau sur une chaise de la cuisine (vraiment pas son genre) et m'a dit :

– Tout le monde t'a remarquée au bureau !

Moi : J'étais dure à manquer… sur la Zamboni, les cheveux dans les airs.

Ma mère : Non ! Tout le monde t'a trouvée extraordinaire avec le petit Antoine. Et c'est le fils d'une de nos plus grosses clientes. Et elle a appelé François pour lui dire à quel point elle t'avait adorée. Je suis super fière de toi, ma grande.

Et elle m'a embrassée sur la tête.

Mes yeux ont regardé dans tous les sens. (Je crois que mon corps ne sait pas trop comment réagir aux compliments parce qu'il n'y est pas si habitué que ça.) En fait, j'aurais pu exploser sur ma chaise (ce que je considère être une très mauvaise gestion de réception d'un compliment.)

J'ai lu que les chats étaient des animaux très zen pouvant faire atteindre à leur maître un niveau de calme supérieur, style méditation transcendantale. J'ai donc pris Sybil dans mes bras et je lui ai donné plein de becs alors qu'elle essayait de s'échapper de mon emprise. (Je me demande s'il faut leur faire suivre un cours, pour la zénitude, car, dans le cas de mon chat, ça ne semble pas, disons, inné.)

19 h

Confirmé par une école de dressage pour animaux : il n'existe aucun cours pour les chats afin de développer leur zénitude.

Mercredi 14 février

Méga-tempête.

L'école est fermée.

Ma mère refuse catégoriquement que je sorte de la maison ; elle-même a décidé de ne pas aller travailler. Puisqu'il est le patron, qu'il est « débordé » et qu'il « ne croit pas aux tempêtes », François est tout de même parti au bureau.

J'allais profiter de ce repos bien mérité en m'écrasant dans un fauteuil et en zappant, lorsque ma mère a fermé la télé (total impoli) et m'a dit de m'avancer dans mes travaux scolaires. J'ai dit :

– Je n'ai pas tous mes livres.

Elle a dit :

– Fais avec ceux que tu as. Avance dans l'étude.

J'ai dit :

– Oui, mais c'est la St-Valentin !

Elle a dit :

– Ouain, pis ?

Et je n'avais aucun argument à donner.

Alors, je suis allée dans ma chambre pour étudier. (Je suis vraiment obéissante, ça doit être un effet secondaire de la tempête.)

10 h 32

À : Iohann Martel
De : Aurélie Laflamme
Objet : Joyeuse St-Valentin !

Allô !

Je voulais juste te souhaiter une joyeuse tempête ! Mais non, c'est une blague (plate...) ! Joyeuse St-Valentin !

Je t'aime,

Aurélie

XXXOXXX

10 h 46

À : Aurélie Laflamme
De : Katryne Demers
Objet : Maths

Au !

As-tu ton livre de maths ? J'ai oublié le mien et il faudrait que j'étudie parce que j'ai peur de couler. Mon dernier test était épouvantable !

Kat

xxx (amical)

P.-S. Cool, hein, la tempête ? Pas d'école !

P.P.-S. Joyeuse St-Valentin, mon amie d'amour !

11 h 01

À : Aurélie Laflamme
De : Tommy Durocher
Objet : Fwd :

Salut, Laf !

T'as vu ça ?

Si t'as rien à faire aujourd'hui, regarde ça, c'est drôle.

http://www.youtube.com/watch?v=dK0FsRl6qtQ&feature=related

Tom

xx

11 h 03

À : Katryne Demers
De : Aurélie Laflamme
Objet : Re : Maths

Allô, Katrypounette ! (*Joke* plate ! Scuse, je crois que la St-Valentin me rend total quétaine. Te souviens-tu que Truch te donnait des genres de surnoms comme ça ?)

Joyeuse St-Valentin à toi aussi !!!!!!!

J'ai le livre de maths. Tu peux passer le chercher quand tu veux ! As-tu le livre d'histoire ? Moi, je crois que c'est ça que je voudrais étudier, mais je ne l'ai pas.

Aurélie

xxx (amical)

13 h 51

À : Aurélie Laflamme
De : Nicolas Dubuc
Objet : Hockey

Salut, *super girl* !

Pis, ta partie de hockey, l'autre jour ?

Nic :)

13 h 54

À : Nicolas Dubuc
De : Aurélie Laflamme
Objet : Re : Hockey

Allô !

C'était cool ! Je me suis même découvert une passion insoupçonnée pour le hockey !!!!!!!!

Aurélie ;-)

13 h 56

À : Aurélie Laflamme
De : Nicolas Dubuc
Objet : Re : Re : Hockey

Ah oui ? J'ai maintenant un écran HD géant chez moi. Tu pourrais venir regarder le hockey avec moi un soir, ce serait cool ! ;)

13 h 57

À : Aurélie Laflamme
De : Katryne Demers
Objet : Re : Re : Maths

Super ! J'ai le livre d'histoire ! Je vais passer en fin d'après-midi si c'est OK pour toi. (Il faut que je garde ma sœur, grrrr !)

P.-S. Ne me parle plus de ce gros tata fini !

13 h 59

À : Nicolas Dubuc
De : Aurélie Laflamme
Objet : Re : Re : Re : Hockey

En fait, ma passion pour le hockey est nouvelle et je crois que j'aime le hockey quand je suis sur place. Avec l'ambiance et tout. (Et Youppi, il est drôle.)

14 h 02

À : Aurélie Laflamme, Tommy Durocher, Katryne Demers
De : Jean-Félix Ouimet
Objet : FWD : Cette fois-ci, ça marche pour de vrai !

Envoyez cette chaîne de lettres dans les dix prochaines minutes à 15 personnes et votre souhait se réalisera !

Essayez, ça marche pour de vrai !

14 h 09

À : Aurélie Laflamme
De : Nicolas Dubuc
Objet : Re : Re : Re : Hockey

Avec l'écran géant, c'est comme si on y était ! Foi d'un vrai fan de hockey !

14 h 15

À : Nicolas Dubuc
De : Aurélie Laflamme
Objet : Re : Re : Re : Re : Hockey

Est-ce que ton écran géant peut reproduire le « shlick, shlick » des patins, l'odeur du ciment, de la glace et des hot-dogs ? Et surtout, peux-tu imiter Youppi ?

Je ne me déplace pas pour moins que ça ! ;-)))))

14 h 17

À : Aurélie Laflamme, Katryne Demers, Jean-Félix Ouimet
De : Tommy Durocher
Objet : Re : FWD : Cette fois-ci, ça marche pour de vrai !

JF, lâche-nous avec tes chaînes de lettres !

14 h 18

À : Aurélie Laflamme, Tommy Durocher, Jean-Félix Ouimet
De : Katryne Demers
Objet : Re : Re : FWD : Cette fois-ci, ça marche pour de vrai !

Moi, ça ne me dérange pas, JF, je trouve ça drôle !

15 h 01

À : Aurélie Laflamme
De : Nicolas Dubuc
Objet : Re : Re : Re : Re : Re : Hockey

Je ne savais pas que tu tripais sur Youpi à ce point-là ! ;)

Tu viendras nous voir jouer au parc un de ces quatre, si tu aimes le hockey « *live* » !

15 h 03

À : Aurélie Laflamme
De : Katryne Demers
Objet : Re : Re : Re : Maths

Coudonc, t'es où ???? Qu'est-ce que tu fais ? Tu n'as pas répondu à mon dernier courriel. Est-ce que c'est correct si je passe chez toi cet après-midi chercher le livre ?

15 h 05

À : Nicolas Dubuc
De : Aurélie Laflamme
Objet : Re : Re : Re : Re : Re : Re : Hockey

Ce n'est pas que « j'aime » Youppi tant que ça, mais j'ai une super bonne anecdote qui m'est arrivée avec lui !

15 h 06

À : Katryne Demers
De : Aurélie Laflamme
Objet : Re : Re : Re : Re : Maths

Excuse-moi de ne pas t'avoir répondu, je suis plongée dans mes études. L'histoire, c'est prenant.

C'est ben correct si tu passes tantôt !

Au

xxx

15 h 22

À : Aurélie Laflamme
De : Iohann Martel
Objet : Re : Joyeuse St-Valentin !

Allô, ma blonde !

Depuis ce matin, j'essaie de te gosser une carte de St-Valentin animée, mais j'ai eu une panne de courant et je n'ai pas été capable de la finir. Je me suis tellement tanné que j'ai failli jeter mon ordinateur par la fenêtre. Mais je crois que mes parents en auraient fait une crise cardiaque.

En tout cas, c'était assez drôle, avec des bonshommes du genre de ceux dans *South Park*… Trop long à expliquer.

Tout ça pour dire que, ben…

Joyeuse St-Valentin!

Je t'aime!

Iohann

x

P.-S. Je t'appelle ce soir!

15 h 26

À: Aurélie Laflamme
De: Katryne Demers
Objet: Re: Re: Re: Maths

Comment tu fais pour étudier ton histoire si tu n'as pas ton livre???????

15 h 43

À: Aurélie Laflamme
De: Nicolas Dubuc
Objet: Re: Re: Re: Re: Re: Hockey

J'attends toujours l'anecdote sur Youpi :)

15 h 46

À: Katryne Demers
De: Aurélie Laflamme
Objet: Re: Re: Re: Maths

J'ai dit «histoire»? Oups, je voulais dire «maths», j'étais distraite. Trop concentrée.

J'ai hâte de te voir tantôt! Je m'ennuie!!!!!!!!! (Même si je n'ai pas trop le temps de m'ennuyer, étant total plongée dans mes MATHS.)

;-))))))))

15 h 56

À : Nicolas Dubuc
De : Aurélie Laflamme
Objet : Re : Re : Re : Re : Re : Re : Hockey

On écrit « Youppi » ! Avec deux « p ». Faut ben un vrai fan de hockey pour ne pas savoir ça ! ;-))))) Et son numéro est le point d'exclamation ! J'adore ça ! C'est trop *cute* ! (Je suis moi-même un peu trop fan des points d'exclamation. C'est même un défaut d'écriture en ce qui me concerne…) Mais euh… ce n'est pas ça, mon anecdote. Et ça se peut que tu trouves mon anecdote vraiment poche. Alors, n'aie pas trop d'attentes. En fait, je crois que, pour apprécier mon anecdote, il faut que je te la raconte en personne, car je dois mimer certains moments. Car l'anecdote concerne Youppi, mais également mes cheveux, et c'est l'image qui est vraiment drôle. Hum… je crois que je viens de mettre une trop grande emphase sur ladite anecdote et quand je te la raconterai, tu diras : « Ah. Ben… j'imagine qu'il fallait y être. » Et là, je me sentirai super mal et remettrai en question mes talents de conteuse.

Laisse faire l'anecdote, finalement ! ;-)

16 h 01

À : Aurélie Laflamme, Katryne Demers, Tommy Durocher
De : Jean-Félix Ouimet
Objet : Re : Re : Re : FWD : Cette fois-ci, ça marche pour de vrai !

Avec cette lettre, mon vœu était que Tommy et Kat arrêtent de s'engueuler et s'avouent enfin leur amour mutuel. À ce que je vois, cette chaîne de lettres est totalement inutile, puisque j'ai suivi toutes les instructions et que mon vœu n'a pas été réalisé.

Je croyais vraiment que cette fois-ci était la bonne!

À moins que vous vous soyez écrit en privé? Dans ce cas, vous seriez les seuls à savoir si la chaîne de lettres fonctionne ou non.

Joyeuse St-Valentin à tous!

JF

16 h 07

À: Aurélie Laflamme
De: Katryne Demers
Objet: Re: Re: Re: Re: Maths

Finalement, il grêle, on gèle, je n'ai pas du tout le goût d'aller chercher le livre de maths. Je suis restée en pyjama toute la journée et j'ai comme vraiment pas envie de m'habiller! Rester au chaud me semble une meilleure idée que de faire une expédition dans le Grand Nord rien que pour un livre de maths!

P.-S. C'est quoi le rapport de JF? Rapport?!?!!!!!!!

16 h 16

À: Katryne Demers
De: Aurélie Laflamme
Objet: Re: Re: Re: Re: Re: Maths

Moi aussi je suis restée en pydj!!!!!!!!!!!!!!!!!!!!!!!!!!! On est pareilles!!!!!!!!!!!!!!!!!!!!!!!!!!!! *Best 4ever*!!!!!!!!!!!!!!!!!!

P.-S. JF disait ça pour rire! C'est vrai que Tommy et toi, vous vous lancez toujours des pointes. C'est louche…

16 h 34

À : Aurélie Laflamme
De : Nicolas Dubuc
Objet : Re : Re : Re : Re : Re : Re : Re : Hockey

Aurélie Laflamme... tu es vraiment la fille la plus drôle que je connaisse ! ;)

16 h 35

À : Tommy Durocher, Katryne Demers, Jean-Félix Ouimet
De : Aurélie Laflamme
Objet : Re : Re : Re : Re : FWD : Cette fois-ci, ça marche pour de vrai !

Moi aussi, je vous souhaite une joyeuse St-Valentin, mes amis ! Je vous adoooooooore !!!!!!!

Aurélie

xxxxxxxxxxxxxx

Jeudi 15 février

Quelque chose me chicote. Je me demande pourquoi le temps passe si lentement quand je suis dans un cours, alors qu'il passe si vite quand je suis avec Iohann. (Soupir, soupir, soupir X 1000.)

Je suis présentement dans mon cours d'anglais et les seuls mots que je suis capable de formuler sont « *I love Iohann* » (son prénom dit avec un accent anglophone, c'est encore plus *cuuuuute* !).

Hier soir, il a bravé la tempête (exagération pour faire plus romantique, car il ne neigeait presque plus) pour m'apporter une carte de St-Valentin. Il est entré chez moi, a salué ma mère (qui m'a avoué par la suite le trouver vraiment beau, hihi), mais il a fait une crise d'allergie après dix minutes, car il est allergique aux chats. Alors, il a été obligé de repartir. Pauvre lui ! Il n'arrêtait pas d'éternuer et de se racler la gorge pendant que Sybil se frottait contre lui sans arrêt (elle a l'air de bien l'aimer, c'est bon signe, dommage qu'il ne puisse l'approcher…).

12 h 32

Iohann et moi nous promenons dans un corridor de l'école, main dans la main, et il me dit à quel point il aimerait que je mange à sa table, le midi, avec lui. Mais je lui réponds que je ne peux pas faire ça à mes amis, même si, moi aussi, j'aimerais manger avec lui. Je lui offre de manger avec mes amis, mais lui aussi pense qu'il ne peut pas vraiment faire ça aux siens. On décide une fois de plus que la meilleure solution est de nous voir après le dîner. Par contre, je mange de plus en plus vite. Ce midi, j'ai quitté la table alors que Tommy parlait de la possibilité de monter un *band*. Je trouve qu'il était franchement temps qu'il allume ! (Pour certaines choses, je crois que mon cerveau fonctionne plus rapidement que celui de la moyenne des gens.) Il disait qu'il allait peut-être attendre l'été parce qu'il était un peu trop occupé avec l'école et avec son travail. Jean-Félix l'encourageait et Kat les taquinait pendant que j'avalais de grosses bouchées de mon lunch le plus rapidement possible.

Puis, quand Iohann est arrivé près de la table, Kat a eu l'air bougon. Elle n'aime pas passer toutes ses heures de dîner avec Tommy et Jean-Félix. Je me sens un peu mal, mais je sais qu'elle comprend. (Elle ferait la même chose si c'était elle qui avait un chum.) Et j'essaie vraiment d'accorder le même temps à tout le monde.

12 h 43

Nous sommes arrêtés devant un escalier, car Iohann a rencontré un coéquipier de l'équipe de soccer et tous deux ont commencé à parler d'un match de la dernière saison et à se remémorer des faits saillants. Je n'écoute que d'une oreille.

12 h 52

D'autres personnes se sont jointes à nous et participent à la conversation. Iohann ne me lâche jamais la main quand il parle aux gens et quand je trouve les conversations trop ennuyantes, je lui caresse le creux de la main avec un de mes doigts. Je crois qu'il commence à comprendre mon signe, car aussitôt que j'ai fait ça, il a dit aux autres qu'il devait partir. (On connecte!!!!!!!)

12 h 53

On a entrepris de descendre les marches. Pendant que Iohann était encore tourné vers la gang, restée en haut de l'escalier, et continuait à discuter, j'ai aperçu Nicolas qui montait. Et, tout de suite, une idée m'est venue à l'esprit : il m'aime encore. (Rumeur ? Potin ? Fumisterie typique signée Julyanne ?)

Puis, sans que je m'en rende trop compte, un de mes pieds a tourné ou glissé ou je ne sais pas trop, j'ai perdu l'équilibre, lâchant du même coup la main de Iohann et descendant quelques marches sur les fesses.

Nicolas s'est arrêté, m'a tendu la main et m'a dit :

– Es-tu correcte ?

En me relevant, je l'ai regardé et j'avais envie de dire : Tu m'aimes encore ? Tu m'aimes encore ! Tu m'aimes encore !!!!!!!!!!!!!!!!!!!!!!!!!!!!

Mais je crois que c'est totalement imputable à ma chute qui m'a un peu fait disjoncter.

Et, alors que je prenais la main de Nicolas, sans avoir trouvé quoi que ce soit d'intelligent à dire, sentant que tout autour de nous s'envolait, Iohann s'est précipité vers moi en disant :

– Aurélie ?! Ça va ?

Moi (sortant de ma bulle et me frottant les fesses pour enlever la poussière que j'avais ramassée en glissant dans les marches) : Oh… oui.

Je regarde soudainement en haut des marches et je vois toute la gang qui parlait à Iohann me regarder.

Moi (levant la main) : Ça va. (Me retournant vers Iohann) : Je… descends souvent comme ça. J'aime ça, les… cascades.

Nicolas rit. Iohann me prend la main et me dit :

– Fais attention, la prochaine fois…

Iohann et Nicolas se sourient.

Moi (balayant l'air de mes mains pleines de poussières d'un gars à l'autre) : Euh… Nicolas, Iohann, Iohann, Nicolas…

Nicolas : Allô.

Iohann : Allô.

Et on reprend nos chemins respectifs, moi et Iohann descendant les marches, Nicolas les montant.

21 h

Je regarde ma télé, dans mon lit.

J'ai décidé de ne rien dire, ni à Kat ni à Tommy. Je pense que certaines choses comme ça peuvent arriver sans qu'on leur accorde de l'importance. Ce sont des micro-événements. Et bien que j'aie cru que mon cerveau, ou même mon cœur, ait pu être déréglé l'espace d'un instant, je ne pense pas que ça mérite que je m'y attarde. C'est, disons, humain. Et personnel. Style jardin secret ultra-secret, dossier classé X, codé et même perdu dans le classeur pour que personne ne le trouve jamais (voire carrément brûlé).

Vendredi 16 février

Rien ne m'empêcherait d'aller voir Nicolas jouer au hockey… Si je ne veux pas lui parler, je pourrais m'arranger pour me bourrer de hot-dogs pendant toute la partie (une fille polie ne parle pas la bouche pleine), aller aux toilettes entre deux périodes (tellement long à cause des files d'attente) ou laisser « négligemment » tomber une coulisse de moutarde sur mon menton pour qu'il soit gêné de me regarder.

Léger problème (détail) dans ce plan : Il joue au parc, où il n'y a ni hot-dog ni file d'attente pour les toilettes…

14 h 15

Monsieur Simard : Alors, mademoiselle Laflamme ?

Je sors subitement de la lune. Mon prof de maths me regarde ainsi que tous les élèves de la classe, attendant une réponse.

Moi : Euh… quoi ?

Monsieur Simard : Un système composé d'une équation du premier degré et d'une équation du degré supérieur s'appelle…

Moi (après un moment interminable) : Euh… une injustice ?

Monsieur Simard, imité par tous les élèves, éclate de rire et dit, en écrivant au tableau :

– C'est un système semi-linéaire. Il peut être résolu graphiquement ou algébriquement…

Évidemment, je savais que ce ne serait pas ça, la réponse, mais je préférais dire ça plutôt que de rester silencieuse ou encore de dire : « Je ne sais pas. » Au moins, les gens rient un bon coup et on passe à autre chose.

Et ma nouvelle situation d'élève populaire me confère un statut qui me permet d'avoir l'air cool quand je fais des erreurs/blagues. (Yé !)

Mon discours si je remportais un prix au gala Les Olivier pour le spectacle d'humour de l'année. Le prix serait remis par un humoriste de la relève encore inconnu (qui en profiterait pour avouer que je suis une inspiration et qu'il a vu mon spectacle trois fois) :

– Écoutez, je ne m'attendais pas vraiment à ça... donc, je n'ai rien préparé. L'humour a toujours eu une place importante dans ma vie. Déjà, au secondaire, je faisais toutes sortes de blagues en classe, ce qui m'a valu bien des retenues ! (Comme tout le monde rirait ici, je préférerais partir sur cette blague plutôt que de continuer des remerciements inutiles dont personne ne se souvient. Le lendemain, dans les journaux, on féliciterait même ma concision en titrant : « une humoriste qui a le sens du punch ! ») Merci !

Note à moi-même : Puisque Kat n'a pas vraiment ri à ma blague, je la soupçonne d'être encore secrètement amoureuse de Benoît Simard et de m'en vouloir de ne pas avoir eu l'air de suivre son cours. Hum... Pas son genre. Mais tout le monde peut changer !

Samedi 17 février

Je suis allée magasiner avec Frédérique, Nadège et Roxanne. En fait, elles m'ont appelée alors que j'étais en total désespoir de vie sociale.

Iohann avait une pratique.

J'ai appelé Kat, et sa mère m'a dit qu'elle était au cinéma avec Jean-Félix.

(Euh… ???? Depuis quand est-ce qu'elle va au cinéma avec Jean-Félix sans m'inviter ?)

Le père de Tommy m'a dit qu'il était au sous-sol, m'a mise en attente et, cinq minutes plus tard, Noah, le petit frère de Tommy, a pris le téléphone et a commencé à me parler de Caillou et, même si je lui répétais de me passer Tommy, il continuait son histoire incohérente. Alors, quelque peu impatiente, j'ai raccroché.

Puis, le téléphone a sonné deux secondes plus tard et j'ai répondu en engueulant Tommy, mais c'était Frédérique qui m'invitait à magasiner avec elle, Nadège et Roxanne.

Et c'était vraiment cool !!!! On a ri ! Bon, je ne pourrais pas raconter *exactement* ce qui nous a fait rire, c'étaient des petits moments de la journée comme ça, qui, une fois racontés, ne sont plus tellement drôles (genre Frédérique qui échappe son gant par terre et dit à Nadège de le ramasser, mais Nadège n'entend pas et pile dessus), mais bon, j'ai vraiment eu du plaisir.

Aussi, on s'est toutes acheté un bracelet pareil (rose vraiment quétaine) en se promettant de le porter toute la semaine pour voir comment les autres réagiraient à notre bracelet laid.

C'est le fun de se faire de nouvelles amies.

Mardi 20 février

Dans la file, pour payer notre lunch à la cafétéria.

Kat : Mais pourquoi tu portes ce bracelet top laid depuis hier ?

Iohann s'immisce dans la file à ce moment, m'évitant de répondre à la question, m'embrasse sur la joue en se prenant une pomme et dit à Kat :

– Est-ce que ça vous dérange que je vous la vole juste pour ce midi ?

Kat : C'est moi que tu vouvoies ?

Iohann : Non, je parle de toi et de ses autres amis.

Kat : Aurélie peut ben faire ce qu'elle veut !

Dans la file, un gars devant Kat parle d'une nouvelle qui est parue ce matin au sujet d'un gars qui s'est tué en faisant de la motoneige. Il ajoute :

– C'est vraiment dangereux, la motoneige, ça devrait être interdit.

Kat, irritée, lui lance :

– Y a du monde qui s'étouffe en mangeant des sandwiches au jambon. Est-ce qu'on va être obligé d'interdire les sandwiches au jambon aussi?!?!!!!

Iohann me lance un regard embarrassé et je lui fais signe de ne pas s'en faire. Kat a toujours été comme ça. Mais je lui ai dit que j'allais manger avec mes amis ce midi, juste pour ne pas la faire fâcher inutilement, étant donné son potentiel de bombe atomique.

Vendredi 23 février

Je suis en position du lotus, une position de yoga. La suggestion d'ajouter ce genre de sport au programme, que j'ai donnée à mon professeur, est excellente, je pense. Ça permet de réfléchir à sa vie. Et d'apprendre de nouveaux, disons, concepts.

Par exemple, ce midi, avec la bénédiction de Kat, après en avoir parlé longuement au téléphone hier soir, j'ai mangé pour la première fois à la table de Iohann. Et j'ai vraiment aimé ça. Les conversations étaient différentes. C'était juste pour ce midi, bien évidemment. Ou je pourrais éventuellement alterner. Un midi avec lui, un midi avec mes amis. Ça se fait. Bref, c'était vraiment le fun. J'étais gênée au début, mais finalement je trouve ses amis vraiment cool.

Au yoga, on apprend que les énergies sont importantes. De nouvelles énergies qui circulent, c'est bon pour le… chi, je crois.

Bref, manger avec de nouvelles personnes a été bon pour mon chi.

Ce n'est pas que mes amis « habituels » ne sont pas bons pour mon chi. Je les adore et je vais continuer de manger avec eux. C'est juste que, une fois de temps en temps, c'est le fun d'avoir des conversations différentes avec des gens différents. Pour l'énergie, je veux dire. C'est totalement, disons, sain. Pour le chi.

16 h 02

Sonia, ma prof de français, me donne ma note de composition écrite (assez poche). Sur ma copie, il est inscrit : « Non-respect du sujet. » Je ne vois pas en quoi je n'ai pas respecté le sujet de la mer avec mon histoire de pirates (qui voyagent en *mer*).

Je crois que, comme plusieurs artistes, je ne suis simplement pas reconnue de mon vivant.

Note à moi-même : Donner cet argument à une prof pour tenter de faire augmenter sa note peut, disons, altérer votre relation avec ladite prof (phénomène expérimenté).

Dimanche 25 février

Je ne sais pas ce qui arrive à ma mère, mais elle tripe carrément sur moi. Elle n'arrête pas de me complimenter sur tout : mes notes (je ne lui ai pas encore dit pour ma dernière note de composition écrite), mon attitude et je ne sais plus trop quoi.

Comme j'ai l'impression qu'elle a été possédée par un esprit, j'ai décidé qu'il valait peut-être mieux que je sorte de la maison avant que ma tête ne passe plus dans la porte. (Bon, OK, si je veux être parfaitement honnête, ce n'est pas par peur que ma tête ne passe plus dans la porte que je sors, c'est parce que j'ai, disons, envie d'aller patiner. Et d'aller voir Nicolas jouer au hockey…)

13 h 51

Il fait gris aujourd'hui. Et la glace est un peu abrupte. J'ai failli me planter trois fois en patinant.

13 h 53

Je me suis assise sur un banc pour regarder Nicolas et ses amis jouer au bout de la patinoire. « Jouer au hockey… » Je dirais plus : trois-gars-qui-se-passent-une-rondelle-en-tournant-en-rond-sur-un-petit-bout-de-patinoire (mais ce serait un peu long comme nom de sport). Je me demande vraiment pourquoi il m'a invitée à voir *ça*.

14 h 02

Nicolas arrive près de moi, freine, et le bruit de ses patins sur la glace fait « shlick ». (J'adore.)

– T'es venue.

Moi : Oui.

Nicolas : Cool.

Je me demande s'il sait que je sais. (Et si ce que je sais est réellement quelque chose qu'il *pense* ou si c'est une *invention*.)

Nicolas : Tu trembles ? T'as froid ?

Moi : Euh… non.

Nicolas : Tu veux qu'on patine un peu pour te réchauffer ?

Il fait signe à ses amis qu'il s'en va et fait glisser vers eux son bâton, qui est rattrapé par son frère Max, qui le place derrière le but.

14 h 15

En patinant, on se parle de tout et de rien. (Je me demande réellement d'où vient cette expression. Comment peut-on parler de « rien » ? Même si on parle de choses pas importantes, on parle de quelque chose pareil.)

À l'agenda : Arrêter d'utiliser des expressions qui n'ont aucun sens.

Exemples :

• Être fou comme un balai (personne n'a jamais croisé de balai fou).

• Être gai comme un pinson (le chant du pinson est un moyen de communication, ça ne veut pas dire qu'il est plus joyeux que les autres oiseaux).

• Pierre qui roule n'amasse pas mousse (même si elle ne roulait pas, elle n'en ramasserait pas plus!!!!!).

• Avoir les jambes comme de la guenille (on apprend que c'est impossible grâce à l'étude – même pas si approfondie – de l'anatomie humaine en troisième secondaire).

• T'es pas faite en chocolat (c'est comme évident, genre).

14 h 32

Mon patin heurte un trou dans la glace et Nicolas m'attrape juste avant que je tombe. On titube ensemble et on patine maladroitement en se tenant par les bras. Puis, je sens qu'il me pousse vers le banc de neige et, avant de perdre complètement l'équilibre, je l'attrape et m'agrippe à la manche de son manteau et on tombe tous les deux dans la neige, en bordure de la patinoire.

Moi: Heille! Qu'est-ce que tu fais là???!!!

Nicolas éclate de rire et dit:

– Je t'en devais une.

Je ris moi aussi (en repensant à la fois où je l'avais poussé l'an dernier) et je dis:

– OK, on est quittes.

Puis, j'essaie de me relever. Et il met une main sur mon épaule pour me retenir assise dans la neige. Je m'apprête à dire que j'ai froid aux fesses, assise là. Mais, au moment où je vais dire ma phrase, je reste figée par sa façon de dire:

– Aurélie…

Ouf! Je savais que j'avais du sang chaud! J'ai l'impression de fondre soudainement dans la neige.

Nicolas : On avait du fun ensemble avant que…

Moi : … tu me laisses.

Je me mords la lèvre timidement. (C'est sorti tout seul, comme ça, pouf.)

Nicolas : … avant que Tommy t'embrasse.

Moi : Oh, je ne peux pas croire que tu reparles de ça !!!

Nicolas : J'sais pas… Ça m'a vraiment fait… quelque chose.

Je ne sais pas trop quoi dire. Qu'est-ce que je pourrais ajouter de plus à ce que je lui ai déjà dit ? Que c'était une erreur de Tommy. Total non désirée (par moi) et non préméditée (par lui).

Je me perds en explications. (Je me perds tellement que j'ai l'air d'un robot disjoncté : bip bip Tommy-ami, bip bip voulais pas, bip bip blabla…)

Il me regarde et il me coupe la parole en disant :

– Tu me fais rire…

Et là, je ne sais pas trop pourquoi, il m'a comme… embrassée. (Sûrement total imputable à la chaleur dégagée par mon corps. Je crois que c'est même un rituel d'animaux – sûrement inscrit également dans les gènes d'humains – pour se réchauffer. ***À vérifier dans un manuel de sciences de la nature.)

Mars

Le revers de la médaille

Jeudi 1er mars

Ça fait deux heures que je suis à la pharmacie dans le rayon des désodorisants à sentir tous les bâtons et je ne réussis pas à choisir la fragrance qui me convient ! Je trouve que choisir un désodorisant est la chose la plus complexe de l'univers ! Suis-je plus « mûre sauvage » ? « melon rigolo » ? « fraise gourmande » ? ou bien « brise printanière » ? « Fraîcheur matinale », peut-être ?

C'est vraiment difficile !!!!!!!!!!!!!

J'aimerais beaucoup que ma vie soit déjà toute écrite dans un livre (qui n'aurait pas été écrit par moi) et que je puisse parfois aller le consulter quand j'ai un choix à faire. Je n'aurais qu'à regarder vingt pages plus loin. Ou même la fin. Comme ça, je saurais quoi faire comme métier. Je saurais quoi faire avec ma vie amoureuse. Je saurais avec qui manger le midi : mes vieux amis ou mes nouveaux amis. Je saurais toujours quoi dire à ma mère, car les dialogues seraient écrits et je saurais exactement ce qui lui fait péter sa coche, donc je pourrais éviter. Je n'aurais à prendre aucune décision, car tout serait décidé d'avance. Je ne serais pas obligée d'inventer moi-même la suite. Ce serait, disons, relaxant. Ça me faciliterait la tâche sur plein de choses. Ça m'empêcherait également d'avoir des surprises. Par exemple, si j'avais su que mon père allait mourir, j'aurais pu m'y préparer. On aurait passé les derniers instants ensemble, et ils auraient ressemblé à des derniers instants. On ne se serait pas dit: « Bye, bonne journée! » Mais: « Adieu! Je t'aime! » Et si j'avais su que Tommy allait m'embrasser devant les fenêtres de MusiquePlus, l'an passé, je n'y serais pas allée. Parfois, je me demande ce qu'aurait été ma vie si Tommy ne m'avait pas embrassée ce jour-là. Ou si j'avais écouté Kat et que j'avais décidé de ne pas me tenir avec Tommy. Peut-être que je sortirais encore avec Nicolas aujourd'hui. Mais je n'aurais pas ce merveilleux ami qu'est Tommy. La vie est toujours pleine de chemins bizarres, et si je savais quels sont ses plans, je vivrais beaucoup moins de stress.

Je crois que je ne suis pas une fille qui aime les surprises. Je préférerais tout savoir d'avance. Ainsi, je profiterais plus de chaque instant, car je ne passerais pas mon temps à me demander comment agir, que choisir, quoi dire, etc.

18 h 02

J'ai choisi, sans grande conviction, mûre sauvage. Simplement parce que c'est le bâton que j'avais dans les mains lorsque la préposée aux cosmétiques m'a fait de gros yeux soupçonneux, style: « Tu es une ado, donc tu vas sûrement voler quelque chose. »

Soupir.

Vendredi 2 mars

Dernière journée avant la semaine de relâche.

Je suis en maths et je ne comprends absolument rien à ce que le prof raconte.

OK, je trouve ça plate, les maths. Et je me sens surexcitée. (Pas parce que je trouve ça plate les maths, mais parce que je vais en avoir congé bientôt ! Wouhou !)

J'ai du mal à rester assise sur ma chaise pour écouter un prof raconter des trucs ennuyants (supra-ennuyants). Probablement que j'ai mangé trop de chocolat ce midi, alors j'ai un entrain inversement proportionnel à mon manque d'exercice causé par un horaire chargé.

Euh… mon cerveau disjoncte. J'ai de la misère à comprendre ma propre phrase (assez mathématique, finalement).

13 h 13

Il y a un instant, j'ai cru (mais ce n'était peut-être qu'une impression) que Nicolas et moi avions fait semblant de ne pas nous voir aux cases.

Ma-lai-se.

15 h 24

Dernier cours avant la relâche : sciences physiques. Tout le monde est énervé. Tout le monde sauf, bizarrement, moi. Bizarrement, vu que je pensais avoir trop d'énergie pour être attentive à mes cours, surtout juste avant le congé. Mais je suis étonnamment super concentrée sur ce que le prof dit, qui a capté mon intérêt.

15 h 25

Monsieur Gagnon nous pointe un ampèremètre et un voltmètre en expliquant :

– L'intensité du courant en un point d'un circuit électrique correspond au débit de charges électriques portées par les électrons en ce point en une seconde. Elle s'exprime en ampères (A). La différence de potentiel du courant entre deux points du circuit correspond à la différence de niveau d'énergie entre ces deux points. Elle s'exprime en volts (V).

15 h 52

J'observe et prends des notes lorsque je reçois un mot de Kat disant :

« Tu ne trouves pas que monsieur Gagnon a un nez de canard ? »

Je lui fais signe d'écouter. C'est la première fois que je fais ça à Kat. Mais je ne comprends pas trop pourquoi, j'ai l'impression que j'aime ce que j'apprends. Ça m'intéresse, genre.

Note à moi-même : Mon Dieu ! ! ! ! ! ! ! Qui suis-je ? ? ? ? ? ? ? ?

Réponse spontanée : Une personne horrible qui a un chum super et qui a embrassé son ex sans vraiment comprendre pourquoi.

Samedi 3 mars

Je mets mes bagages dans le coffre arrière de la voiture de François. Nous partons au chalet de ses parents pour la fin de semaine. Ma mère m'a dit, après mes plaintes répétées, que j'aurais tout le temps de voir mes amis pendant la semaine de relâche. Vraiment plate, parce qu'en fin de semaine, Kat, Tommy, JF et moi voulions jouer à *Rock Band* (que le père de Tommy a acheté pour toute la famille, ce qui a provoqué chez Tommy une nouvelle obsession qu'il qualifie d'« intérêt pour sa vie familiale ». Pfff ! Mon œil !) et Iohann m'avait invitée en ski. (Je suis contente de remettre le ski à plus tard, car ça fait longtemps que j'en ai fait et je ne suis pas pressée d'avoir l'air *twit* devant mon chum.)

9 h 34

Nouille ! Nouille ! Nouille !

Pendant que la voiture avance, je n'ai rien d'autre à faire que de repenser à Nicolas et moi, sur le banc de neige. Il m'a embrassée. Et je n'ai pas trop su comment réagir. Alors, ma bouche (sûrement parce que c'est ce qu'elle croit qu'elle doit faire lorsqu'une autre bouche l'approche) a bougé. Pour embrasser sa bouche. Et après, sûrement parce que j'étais confuse (ou tout autre qualificatif de mon émotion dans cette circonstance, comme troublée, surprise, foudroyée…), je suis partie. Et, pendant que je partais, Nicolas m'a crié :

« C'est ça qui est arrivé, avec Tommy ? » Ce que j'ai trouvé assez insultant. Ça n'avait rien à voir. RIEN ! Je ne suis pas ce genre de fille, à embrasser un autre gars pendant que j'ai un chum !

9 h 36

Techniquement, oui. Je suis ce genre de fille. Car j'ai eu deux chums dans ma vie : Nicolas et Iohann. Et, pendant que je sortais avec Nicolas, Tommy m'a embrassée. Bon, je lui ai donné un coup de sac, ce que je n'ai pas fait avec Nicolas. (C'est ça que j'aurais dû répondre à Nicolas, d'ailleurs ! J'aurais dû dire : « Non, lui, je lui ai donné un coup de sac ! En veux-tu un ? » Et là, j'aurais pu revenir sur mes pas, et carrément le frapper avec mon sac. Espèce de sens de la répartie à retardement ! Grrr !)

9 h 37

Tout de suite après ce qui est arrivé avec Nicolas, j'ai proposé à Iohann qu'on se voie et je lui en ai parlé. Ce que je n'avais pas fait avec Nicolas (alors on peut dire que j'ai appris de mon expérience n° 1). J'avais peur que Iohann réagisse mal. Mais il m'a dit :

– Est-ce que tu l'aimes encore ?

J'ai dit :

– Non.

Il a dit :

– T'es ma blonde ?

J'ai dit :

– Oui.

Il m'a collée et m'a dit qu'il m'aimait. Et je lui ai dit que je l'aimais. Et il m'a dit qu'il était content que je l'aime. Et là, je l'ai embrassé. Et ça goûtait bon. (À bien y penser, c'était peut-être un goût de chips BBQ, car un sac traînait à côté du divan du sous-sol sur lequel on s'embrassait, et j'adore les chips BBQ…)

9 h 45

Ce qui me fait me sentir mal, disons, avec ce qui est arrivé avec Nicolas, c'est que ma bouche a bougé. J'aurais tellement voulu me sauver juste avant. Tommy, je ne l'ai pas vu venir, je ne pouvais donc pas me sauver et j'ai fortement réagi. Mais Nicolas, je l'ai *vu* venir. Et je suis restée là. Et ma bouche a bougé.

9 h 54

Ma bouche a BOUGÉ ! (Ça me hante.)

9 h 55

Peut-être que j'ai réellement des problèmes de fonctionnement neuronal et que je n'ai pas toujours la maîtrise de chacun de mes membres. Oui, c'est la seule explication.

À l'agenda : Faire quelques recherches en neurobiologie.

10 h 01

Ma mère se retourne vers moi :

– Ça va, beauté ?

Moi : Mouain…

Ma mère : Est-ce que je peux faire quelque chose pour toi ?

Moi : T'y connais-tu en neurobiologie ?

Ma mère : Hahaha ! Non ? !

François (en me regardant par le rétroviseur) : T'es toujours tellement drôle, toi !

Tellement drôle. Oui. C'est ce qui me décrit le mieux. Tellement drôle que je ne suis pas capable d'empêcher ma bouche de bouger quand quelqu'un m'embrasse.

Ma mère : Tu vas voir, on va bien se reposer au chalet.

Dimanche 4 mars

Bien se reposer ? Je suis dans la jungle, ici !!!

Ce matin, j'ai pris ma douche, et il n'y avait qu'un mince filet d'eau FROIDE ! ARGGGHHHH ! (Bon, dans la jungle, il n'y a pas de douche, mais s'il y en avait une, elle serait exactement comme celle-ci.) En plus, j'ai vu une araignée énorme en me lavant les cheveux. (Bon, il s'agissait en fait d'une boule de mes cheveux, mais, sur le coup, je ne le savais pas, alors disons que le « sentiment d'être dans la jungle » était complètement exacerbé par cette vision d'horreur de ce que je croyais être une araignée. Car, après tout, ç'aurait pu en être une. Nous sommes en pleine campagne et les araignées sont renommées pour être dodues, ici.) Mais avant de découvrir ce « détail », je suis sortie rapidement de la douche en criant à m'en époumoner. Et la mère de François a accouru dans la salle de bain, armée d'un balai (honnêtement, si j'avais été en réel danger, qu'aurait-elle pu faire avec un balai???) et ELLE M'A VUE TOUTE NUE!!!!!!!!!! J'ai donc crié encore plus fort en me cachant avec mes mains.

IL N'Y A PAS DE SERRURE DANS CETTE SALLE DE BAIN?????

Madame Blais (paniquée): Qu'est-ce qui se passe?

En tentant de ramasser une serviette pour me cacher, j'ai vu «l'araignée» sur moi, alors je sautais sur place en continuant de crier jusqu'à ce que je découvre que c'étaient mes propres cheveux et que je réponde:

– L'eau est… vraiment froide.

Disons simplement que la mère de François pense maintenant que j'aime *particulièrement* l'eau chaude.

18 h

Nous soupons avec la famille de François. En fait, ma mère et François mangent avec la famille de François; moi, je mange à la «table des enfants». Il y a moi (quinze ans), et du monde âgé de quatre à six ans. J'avoue que je me sens un peu insultée qu'on ait jugé adéquat de me placer à cette table. (Bon, peut-être que la mère de François m'aura trouvée un peu «immature» de réagir si fortement devant l'eau froide et qu'elle aura cru bon de ne pas m'installer à la table des adultes, car je risquerais de déranger la quiétude du souper au cas où, disons, mes patates auraient refroidi ou un truc du genre…)

18 h 22

Pendant que je tente de tenir une conversation avec des gens plus jeunes que moi de dix ans (qui, en passant, ne savent tenir aucune conversation logique), la sœur de François, Chantal, me crie (bon, c'est un peu exagéré, la table des adultes n'est pas si loin) :

– Et toi, Aurélie, qu'est-ce que tu veux faire plus tard ?

Être à la table des enfants ne me protège même pas de ces questions que les adultes se sentent constamment obligés de poser. Tous les visages sont tournés vers moi. Je les regarde en vitesse. Il y a ma mère, François, Chantal, la sœur de François, dont le mari est absent pour la fin de semaine, et Jean-Luc, le frère de François, accompagné de sa femme, Danielle. Puis, les parents de François, chacun à un bout de la table.

Je réponds :

– Ben… je… j'aime assez ce que je fais présentement. Je vis… l'instant présent… Pourquoi ? Ça ne t'intéresse pas, ce que je fais maintenant ?

Chantal : Oui, justement. On te trouve très douée avec les enfants. On se demandait si c'était un domaine qui t'intéressait.

La vérité est que je ne sais pas ce qui m'intéresse.

Je me demande souvent quelle est ma mission sur Terre. Je suis née pour quoi, au juste ? Je n'ai aucun talent olympique. Je ne comprends pas trop la politique. Je ne suis pas militante pour Greenpeace. Ni pour aucune autre cause. Quand on ne change pas un peu le monde, on sert à quoi? Et puis, après, je me demande: est-ce qu'on est vraiment obligé de servir à quelque chose? Dans le fond, vivre, en tant que tel, est un privilège. Et rêver. Rêver à quelque chose de mieux. Rêver qu'on finit l'école. Rêver de réaliser de grandes choses. Rêver de faire un voyage. Rêver que la neige fonde et que le printemps arrive…

François: Aurélie est une poète. Elle écrit très bien.

Moi: Ben là… Pas tant que ça…

François: Tu pourrais étudier là-dedans.

Danielle: Oh, quand j'étais jeune, j'écrivais des poèmes, moi aussi!

Moi (avec une pointe d'espoir de rencontrer quelqu'un comme moi): Et qu'est-ce que tu fais maintenant?

Danielle: Comptable.

Impossible que la poésie m'amène à la comptabilité avec mon faible intérêt pour les mathématiques.

Alors que les adultes se désintéressent de ce sujet (fiou) et recommencent à parler entre eux (yé), je sens naître en moi un stress face à mon avenir. L'an prochain, je devrai décider de la suite de mes études. Mais je ne sais pas du tout quoi faire plus tard. Puis, Romain, le fils de Jean-Luc, quatre ans, me regarde et me dit:

– Moi, je veux être Superman.

Moi: Bonne idée… Moi aussi…

Romain: Tu peux pas, t'es une fille!

Moi : J'ai le droit de faire ce que je veux ! Tu ne pogneras pas avec les filles si t'es sexiste comme ça.

Les autres enfants rient.

20 h

Il n'y a pas de télé. Je crois que ces gens auraient besoin d'une mise à jour, côté technologie. (J'espère qu'ils savent qu'on ne se promène plus à cheval.)

21 h 15

Devant mon ennui flagrant (exprimé en m'enfonçant dans un fauteuil et en écoutant mon iPod), François a proposé qu'on joue à Cranium. Lui et moi formons une équipe gagnante !

Bon, j'aimerais rectifier quelque chose. Quand je disais qu'il était le diable, c'était un genre de métaphore. Je n'ai jamais cru que FB était le *vrai* diable. Je me disais simplement qu'il aurait *pu* l'être s'il avait eu de sombres desseins, car il est assez charismatique pour rassembler des disciples qui l'auraient aidé à les accomplir. Mais en le regardant fredonner maladroitement une chanson que je ne reconnais pas (je suis stressée à l'idée de perdre des points), avec son sourire et un claquement de doigts (illégal, selon les règlements), en plongeant ses yeux dans les miens (comme pour tenter de me communiquer le titre de la chanson par télépathie), je ne peux percevoir aucun signe de son diabolisme.

Lundi 5 mars

Nous avons failli ne jamais pouvoir partir d'ici. Il fait tempête. Une méga-tempête. Enfin, une méga-tempête selon ma mère. De la neige tout court, selon François.

Ma mère ne voulait pas qu'on prenne la voiture par un temps pareil et aurait préféré qu'on reste une journée de plus. François disait qu'il ne comprenait pas pourquoi les gens «crient à la tempête» chaque fois que de la neige tombe du ciel. Qu'un peu de neige ne l'a jamais empêché de se rendre où que ce soit.

L'opinion de François fait assez mon affaire, disons. C'est la semaine de relâche et j'ai beaucoup d'activités au programme.

10 h 21

Il fait gris dehors, la neige tombe et on entend souvent le vent à travers les vitres, comme ça: «fuuuuu». Les essuie-glaces fonctionnent à vitesse maximale et on roule lentement.

Malgré le fait que j'aie les écouteurs de mon iPod dans les oreilles, j'entends ma mère et François discuter.

Ma mère: Je dis juste qu'on n'aurait pas dû partir, c'est tout.

François: Regarde! La route est belle. On n'a qu'à aller doucement.

Ma mère: Tu as entendu les bulletins météo à la radio? Ils conseillent de ne pas quitter l'endroit où on est.

François : C'est normal, ils disent toujours ça !

Ma mère : En période de tempête, il faut dégager les routes.

François : Ben non, voyons ! Pourquoi ?

Ma mère : Pour laisser passer les pompiers.

François : Les pompiers ? Il n'y a pas de feu ! C'est une tempête !

Ma mère : Bon, enfin ! Tu dis que c'est une tempête !

François : Je ne dis pas que c'est une tempête ! Je me demande juste ce que les pompiers viennent faire là-dedans !

Ma mère : Tu as dit « tempête », et il faut laisser les routes libres pour les pompiers et les ambulanciers, car la route est tellement mauvaise qu'ils ont plus de difficulté à se frayer un chemin en cas d'urgence.

François rit et ajoute :

– Te rends-tu compte à quel point c'est absurde, ce que tu dis ?

Ma mère : Ce n'est pas absurde, c'est du civisme !

Là, j'ai monté le son de ma musique quand j'ai entendu mon nom. Je crois que ma mère me demandait ce que j'en pensais. Alors, j'ai répondu :

– Euh… scusez, je ne vous écoutais pas, je ne sais pas de quoi vous parlez.

Fiou.

Note à moi-même : Je vois soudainement plusieurs avantages au réchauffement de la planète (dont celui d'abolir les tempêtes à tout jamais). Désormais, ne plus tenter de le contrer. Utiliser tous les sacs en plastique que je veux, en toute occasion.

Note à moi-même nº 2: Envisager la possible explosion de la planète comme solution aux discussions entre ma mère et son chum me semble légèrement exagéré. Tenter de trouver une solution, disons, moins intense, « apocalyptiquement » parlant.

Mardi 6 mars

Pour une fois que je peux dormir tard le matin, ma mère et François n'arrêtent pas de faire du bruit dans la cuisine. Je ne sais pas si j'ai développé une ouïe supersonique, mais il me semble que j'entends tout plus fort qu'à l'habitude: le tiroir d'ustensiles semble se fracasser en se fermant, le frigo ronronne comme un moteur d'avion, même le son du grille-pain me claque les tympans, me fait quasiment péter les tympans.

Je me lève et me dirige vers les toilettes. Je passe par la cuisine, je vois ma mère et lui demande:

– T'es toute seule?

Ma mère: Oui, François est parti cette nuit. Il voulait dormir chez lui. En pleine tempête!

J'ai failli ajouter : « C'est assez impoli pour les pompiers », mais je me suis abstenue. En plus, j'aurais perdu de la crédibilité la prochaine fois que je ferai semblant de ne rien entendre quand j'écoute de la musique.

Je suis retournée me coucher.

11 h 12

Parlez-moi d'une heure décente pour se lever ! Ahhhhh ! Je suis dans mon lit, j'ai allumé ma télé et je zappe. Je n'ai pas encore déjeuné et je pense que la vie est parfaite quand il n'y a pas d'école ni aucune activité familiale au programme. Je me sens vraiment faite pour mener une vie de bohème. Si je pouvais gagner ma vie à regarder la télé, honnêtement, c'est ce travail que je choisirais.

11 h 37

C'est la faim qui m'a fait sortir (difficilement) de mon lit. Quand je suis arrivée dans la cuisine, j'ai vu que ma mère m'avait laissé une note qui disait exactement ceci :

« Pourrais-tu aller acheter du lait ? Il n'en reste plus. Et profites-en donc pour nettoyer ta salle de bain, aujourd'hui. Je t'aime. Maman xxx »

Ma salle de bain ? *Ma* salle de bain ????

14 h 41

Je suis au cinéma avec Frédérique, Nadège et Roxanne.

J'ai vécu une expédition digne de l'escalade de l'Everest pour aller chercher du lait (j'avais de la neige jusqu'aux genoux) et, à mon retour, j'allais m'atteler à la tâche de nettoyer la salle de bain (bon, en réalité, pas du tout ; je regardais la télé en pensant que j'allais laver la salle de bain beaucoup plus tard, quand j'aurais plus chaud après mon aventure dans le Grand Nord) quand Frédérique m'a appelée pour me demander si je voulais aller au cinéma avec la gang. J'ai jeté un rapide coup d'œil en direction de la salle de bain et mon choix n'a pas été difficile : cinéma.

18 h 56

Oups. Je n'ai pas vu le temps passer.

Après être allées au cinéma, nous sommes allées chez Roxanne qui habite super loin. Puis, là-bas, je n'ai pas vu le temps passer. Pas qu'on faisait une activité vraiment grandiose (on regardait des vidéos sur YouTube), mais le temps a passé vraiment vite. (J'ai d'ailleurs une théorie : comme je me suis levée plus tard que d'habitude, mon horloge interne est complètement déréglée. Par exemple, comme je me lève habituellement vers 7 heures, en ce moment il est, dans mon corps, 14 h 56 et non 18 h 56. Et comme il fait toujours noir, c'est dur de jauger par la position du soleil, en admettant que je sache lire l'heure comme ça.) Bref, quand j'ai vu l'heure, j'ai sursauté, expliquant aux filles que ma mère allait être très inquiète.

Nadège : Qu'est-ce que tu vas faire ?

Moi : Mentir.

19 h 10

J'ai inventé un truc qui mélangeait vérité et mensonge. Comme quoi je suis allée voir un film, mais qu'après, l'autobus a été coincé dans la circulation. Ma mère ne m'a pas crue, car elle sait qu'il y a des voies réservées aux autobus aux heures de pointe. Mais (miracle !) elle ne m'en a pas voulu et m'a demandé de revenir vite à la maison.

19 h 30

Nous soupons seules, ma mère et moi.

Ma mère : Tu te souviens de Denise Patry ? Notre cliente ? Qu'on avait croisée à la partie de hockey ? Elle aimerait t'engager comme gardienne. Et je me suis dit que tu n'avais jamais travaillé et que ce serait une bonne idée. Tu es assez responsable pour ça, et c'est vrai que tu as le tour avec les enfants. C'est la semaine de relâche de son fils et sa gardienne habituelle n'est pas là jeudi. Je lui ai dit que ça te ferait plaisir.

Moi : Oui, mais… mes études… et tout ? (Non-dit : mon chum et mes amis.)

Ma mère : Tu peux étudier pendant que tu gardes, et tu feras un peu d'argent de poche. Et pour te récompenser, j'y ai beaucoup réfléchi et… tiens.

Elle me tend une boîte. Un cellulaire !

Moi : Hein ? ! ? !!!!!! Trop cool !!!!!!!!!!!!! !!!!!!!!!!

Ma mère : Mais pas pour que tu fasses plein d'appels. En cas d'urgence. Pour m'avertir quand tu rentres tard ou quelque chose comme ça.

Moi : Je m'excuse pour ce soir…

Ma mère : Bah. C'est la semaine de relâche. Tu ne vois pas le temps passer. Je comprends ça. Et avec la noirceur, c'est difficile de savoir l'heure qu'il est. Tu n'es pas obligée de m'inventer des raisons pour tes retards. Tu peux juste me dire la vérité, tu sais.

Euh???? Ma mère lit dans mes pensées maintenant? J'ai toujours rêvé de ce moment, mais maintenant que ça arrive, ça me terrifie.

Possibilité/théorie: Je rêve. Je vais me réveiller et ma journée n'aura pas encore eu lieu.

Possibilité/théorie nº 2: Ma mère me dit ça juste pour me faire sentir mal. ET ÇA MARCHE! (Ça marche tellement que j'ai nettoyé toute la salle de bain. Je suis un peu déçue de constater que je suis total manipulable psychologiquement.)

Note à moi-même: Une mère a-t-elle le droit de dire oui à votre place pour garder? Humph. C'est pour ça qu'elle fait sa compréhensive.

Note à moi-même nº 2: J'ai nettoyé la salle de bain pour rien. On était déjà quittes. Argh.

20 h

J'ai passé la soirée à programmer mon cellulaire et à apprendre les fonctions. Et à appeler des gens pour voir si ça fonctionnait bien. Et ça fonctionne super bien! Je tripe!!!!

Mercredi 7 mars

Je descends une montagne de neige à pied, avec mes skis sur l'épaule. J'ai bien essayé de prouver à maintes reprises que j'étais une sportive, mais je n'en suis pas une. (Bon, je n'ai rien tenté de prouver tant que ça, à vrai dire…)

Hier soir, 20 h 32

Iohann a réitéré son invitation à l'accompagner en ski (alors que je l'appelais de mon nouveau cellulaire). J'ai eu beau lui dire que je n'étais pas vraiment une sportive, il a insisté. Il m'a dit que toute sa famille y allait, que j'étais la bienvenue, etc, etc. Je comptais sur ma mère pour dire qu'elle trouvait ça trop cher, me louer un équipement en plus de me payer une journée de ski, mais elle m'a dit, clin d'œil à l'appui :

– Je peux bien te payer ça. Maintenant que tu vas travailler comme gardienne, tu vas pouvoir te payer plein de choses toute seule. (Oh, boy. Total traître !)

Ce matin, 6 h 02

Déjà l'heure où je devais me lever pour aller faire cette activité hivernale… Et j'insiste sur le mot « hivernale », parce qu'il fait un froid sibérien. (Je ne sais pas ce que veut dire sibérien, mais c'est un mot utilisé pour qualifier le froid, et ça sonne glacial selon le peu que je connais.) Bref, je devais me lever à six heures. Six heures!!!!!!!!!!!!!!!!!!!!!!!!!!! Parce que c'est loin, la montagne de ski. Et que les parents de Iohann voulaient éviter les bouchons de circulation.

Ma mère ne s'est même pas levée (son réveil sonne à 6 h 30) et, quand je suis partie, elle m'a dit, d'une voix matinale inaudible, la tête enfouie dans l'oreiller:

– Oublie pas ta tuque. Il fait froid en montagne. Prends de l'argent dans ma sacoche pour ton dîner. Bye. (Et elle a fait un bruit de bec.)

Rapport du bruit de bec????!!!!????!!!!

Ce matin, 6 h 30

Ensuite, la famille de Iohann est venue me chercher. Je me sentais super mal de mon look d'hiver, car ils avaient tous un super look de ski, alors que, moi, j'avais les pantalons d'hiver de ma mère (trop grands), mon manteau (un peu sale) et ma tuque (super poche).

Les parents et la sœur de Iohann étaient surexcités comme s'ils avaient tous bu du café et, quand je suis entrée dans la voiture, ils sont tous partis à rire. Je croyais que c'était à cause de mon look poche, mais Laura a dit :

– T'as l'oreiller étampé dans la face.

J'ai regardé dans le rétroviseur et j'avais effectivement une trace d'oreiller creusée sur la joue, une ligne qui allait jusqu'à ma tempe droite. Ha. Ha. Vraiment drôle. (Ceci est du sarcasme, importante précision.)

Ce matin, 10 h 45

On a attendu trois cents millions d'années pour me louer un équipement. Et trois cents autres millions d'années au remonte-pente. Puis, voyant que j'avais peur de descendre, Iohann m'a dit :

– Je croyais que tu m'avais dit que t'en avais déjà fait.

Moi : Ouain, mais j'étais jeune. Ça fait longtemps. Je t'avais dit que je n'étais pas super sportive !

Il m'a emmenée sur une piste pour débutants pour me rappeler comment faire.

Puis, on a fait la file une fois de plus pour le remonte-pente et, trois cents millions d'années plus tard, nous étions en haut d'une piste intermédiaire (sans bosses, parce que je ne me sens pas assez à l'aise pour aller dans les pistes expertes). J'ai dit à Iohann d'y aller sans moi, que j'irais à mon rythme. Finalement, après être tombée sur les fesses à deux reprises, je me suis fâchée, j'ai pris mes skis sur mon épaule et j'ai commencé à descendre à pied, ce qui me convenait parfaitement. Je suis plus du type « marche en montagne » que « ski en montagne ». Voilà. Chacun ses goûts.

Retour à maintenant, 11 h 34

Arrivée en bas de la montagne, je vois Iohann qui m'attend, avec sa famille à ses côtés, et il me dit :

– Aurélie !!! On était super inquiets ! Qu'est-ce que tu faisais ?!?! On pensait que t'étais blessée et on allait envoyer des secours.

Moi : Ben, je… je voulais… profiter un peu plus de la montagne… de la vue, t'sais. Et, en ski, ç'allait trop vite, je ne pouvais pas, disons, *contempler* le paysage, fait que j'ai décidé de… descendre à pied.

Pendant un instant (interminable selon moi, tout à fait dans le ton « temporel » de la journée), où je me mordillais la lèvre inférieure (que je sentais gercée), personne n'a parlé. Et puis, le père de Iohann a éclaté de rire, suivi du reste de la famille. Et j'ai été, comme ça, toute la journée, un sujet de « rigolade familiale ».

Pas que je sois susceptible, mais être l'« anecdote drôle » du jour n'est pas ce que je préfère dans la vie. J'aime assez l'anonymat. Passer inaperçue. Bon, sur une piste de ski, quand on a ses skis sur l'épaule et non dans les pieds, on ne passe évidemment pas inaperçue. Mais me le faire noter toute la journée n'est pas dans ma liste de choses que j'aime.

15 h

Le seul moment où on peut crier, selon moi, est lorsqu'on marche sur la rue, qu'on voit du caca de chien et qu'on crie :

– Attention au caca ! ! !

Ou encore quand on voit quelqu'un en danger de se faire frapper par un autobus et qu'on crie :

– Attention à l'autobus ! ! !

Mais on ne peut pas crier après quelqu'un parce qu'il ne comprend pas les rudiments d'un sport (inutile, selon moi. C'est vrai, après tout. Lorsque nos ancêtres ont inventé les skis, c'était pour pouvoir se déplacer, disons, plus rapidement. En fait, je n'en ai aucune idée. Mais j'imagine que ça devait être ça. C'est total logique. Alors, dans notre époque moderne, à quoi cela sert-il de payer de grosses sommes d'argent pour se déplacer plus rapidement alors que le seul objectif n'est que d'arriver en bas d'une côte ?).

Bref, voyant que j'étais archinulle dans ce sport, Iohann a perdu patience et m'a crié :

– JE. T'AI. DIT. DE. METTRE. TES. SKIS. COMME. ÇA.

Et il s'est placé en position, de façon saccadée, comme pour que ça s'enregistre bien dans mon cerveau.

Ça m'a un peu traumatisée/insultée.

15 h 12

J'ai dit à Iohann d'aller descendre des pentes qu'il aime. Puis, une fois qu'il a été parti, je suis allée au chalet et j'ai appelé Kat avec mon cellulaire. Elle a énormément ri de moi, « sportivement parlant ».

Je semble faire l'unanimité, aujourd'hui, dans ma drôlerie. Humph.

20 h

Nous sommes rentrés vers dix-huit heures. J'étais épuisée. Malgré tout, je me suis jetée sur l'ordinateur et j'ai trouvé ceci sur Internet :

« Le ski est une invention norvégienne, blablabla. Durant des milliers d'années, le ski était l'unique moyen de déplacement pendant l'hiver et représentait un outil de travail pour les chasseurs, les trappeurs et les pêcheurs, blablabla. Jusqu'à une époque récente, il était encore un véritable instrument de survie, blablabla. Plus de vingt skis préhistoriques ont été exhumés, témoins indiscutables de longues traditions nationales, blabla. »

Ah ! Qu'est-ce que je disais, hein ? Total préhistorique ! Inutile à l'époque moderne !

Note à moi-même : À l'avenir, ne pas dire que je suis nulle en ski. Me considérer plutôt comme une personne qui ne vit pas dans le passé. Zéro nostalgique des traditions ancestrales. Toujours à l'avant-garde. Tournée vers l'avenir.

20 h 10

Après avoir pris un bain ultrachaud parce que j'étais gelée, couchée à plat ventre sur mon lit, je feuillette mon *scrapbook*. Sybil se frotte sous mon menton pendant que je tourne les pages. Je cherche une photo de mon père. Une photo précise. Et je tombe dessus. Cette photo, prise lorsque j'avais huit ans, l'hiver avant sa mort. On y voit mon père de loin, penché devant un support à skis, en train d'attacher sa botte. Il porte un habit de neige un peu démodé et un casque en fourrure que ma grand-mère Charbonneau avait fabriqué dans un cours d'artisanat. Il le portait (même quand elle n'était pas là) pour faire plaisir à ma mère. La photo est un peu floue. Tout comme mes souvenirs. Je me souviens qu'on se levait très tôt. Que mon père m'avait inscrite à des cours de ski alors que j'aurais préféré faire de la gymnastique. Il disait que c'était une belle activité à faire en famille. Ma mère n'était venue qu'une fois (le jour où elle avait pris cette photo). Moi, je détestais me lever tôt. Mais je me souviens que l'heure du dîner était mon moment préféré. On apportait nos sandwiches, et mon père achetait de la soupe poulet et nouilles à la cafétéria du chalet. Il prenait aussi un chocolat chaud pour moi et un café pour lui. Je détestais l'odeur de son café.

C'est étrange, cette impression que quelqu'un qui est parti reviendra un jour, alors qu'il ne reviendra en fait jamais. C'est cette impression qui m'a toujours permis de rester, disons, forte par rapport à cet événement.

En regardant la photo de mon père, je me demande comment on fait pour vraiment comprendre, dans notre tête, que c'est fini. Comment faire comprendre à mes émotions d'arrêter de se manifester ? Que c'est inutile ? Que ça ne changera rien ?

20 h 12

Sybil me lèche la joue en ronronnant, ce qui me fait rire. Je la prends dans mes bras et je la caresse doucement en lui donnant des bisous sur la tête.

Puis, j'entends frapper à ma porte et ma mère entre en demandant :

– Ma belle, ça t'intéresserait qu'on aille voir un spectacle de ballet ensemble ? On a un nouveau client au bureau et il m'a offert des billets pour *Le lac des cygnes* la semaine prochaine.

Moi : Hum… Mouain…

Ma mère : Ça veut dire oui, ça ?

Moi : C'est un oui-pour-du-ballet. Ça me tente, mais pas comme si tu m'invitais à aller voir Simple Plan, genre.

Ma mère : Je comprends. Mais ça va être le fun. On va se faire une belle soirée de filles.

Moi : OK, cool.

Au moment où elle s'apprête à sortir, je lui demande :

– M'man ? Pourquoi tu n'aimais pas ça, le ski ?

Ma mère : Je ne suis pas vraiment sportive…

Elle jette un regard par-dessus mon épaule, aperçoit mon *scrapbook* et esquisse un sourire en coin.

Ma mère : Le sport, c'était l'affaire de ton père.

J'ai, en dedans de mon ventre, une boule immense. Qui tournoie. J'aurais tellement le goût de dire à ma mère que j'ai mal. Que je ne sais pas quoi faire de tout ce que je ressens, de ces sentiments qui se mélangent toujours et que j'ai de plus en plus de mal à réprimer. Que même lorsque j'ai tout pour être heureuse, je ressens toujours un vide en moi. Comme si ma peine était imprimée en moi pour toujours. Et que, même si je ne me suis jamais laissé emporter par mes émotions, comme elle l'a fait, elles sont là pareil. Mais elle sourit. Elle n'a aucune rougeur dans son cou. Elle a regardé le *scrapbook* de mon père et elle a souri, sereinement. Je la regarde en bloquant les larmes qui veulent sortir de mes yeux. Parce que je ne veux pas qu'elle ait de la peine à cause de moi.

Ma mère : Ça va, Choupinette ?

Moi : Hum... Mouain... S'il te plaît, appelle-moi pas comme ça. On se l'était dit.

Ma mère : T'es sûre que ça va ? Tu me fais un oui-de-ballet, là !

Ma mère serait-elle officiellement douée en télépathie maintenant ? Je la regarde sans rien dire et elle lance :

– T'es stressée parce que tu gardes demain ? Tu vas voir, ça va bien aller.

Hum... Finalement, non. La télépathie : pas son talent. Elle a peut-être un coup de chance de temps en temps. Peut-être une fois toutes les pleines lunes.

Je souris et elle sort de ma chambre en me souhaitant une bonne nuit.

Jeudi 8 mars

Quand je suis arrivée chez Denise, Antoine m'a sauté dessus. Je ne savais pas trop comment réagir et je lui ai donné trois petites tapes dans le dos tandis qu'il serrait ma jambe.

Ma mère ne m'avait pas dit qu'Antoine avait un frère d'environ, je dirais, juste comme ça en le regardant, un petit peu plus qu'un an. Denise l'avait dans les bras à mon arrivée et sautillait pour le calmer pendant qu'il pleurait.

Denise : Regarde qui est là, Loïc ! C'est Aurélie. Au-ré-lie. Dis bonjour. Bonjour !

Elle lui prend la main (alors qu'il pleure toujours) et lui fait faire un signe de « bye bye ».

Je feins un sourire. Mais je suis en réalité paniquée. À part mon cours de gardienne avertie, que j'ai suivi en sixième année, je n'ai aucune *réelle* expérience avec les enfants.

Denise : J'ai mis un dîner pour vous trois dans le frigo. Antoine t'expliquera quoi faire pour Loïc. Il est habitué.

Elle met son manteau, prend ses choses et me dit, avant de partir :

– Je t'ai laissé une note avec mon numéro de téléphone, tu m'appelles au moindre problème. Amusez-vous.

9 h 51

« Amusez-vous. » Je joue aux Legos. Existe-t-il un jeu plus plate ? Pour quelqu'un de mon âge, je veux dire (car Antoine a l'air de trouver ça suuuuuper le fun).

9 h 52

Ça commence à puer. Mais alors vraiment très très fort. Je vais voir dans la toilette, tout semble normal. Je décide d'appeler la ville pour savoir s'il y a un refoulement d'égouts dans le coin, on me répond que tout est correct. (OK, j'avoue que je n'ai pas fait ça, c'était juste pour spécifier à quel point ça pue !) Antoine se met tout à coup à rire et me dit :

– Pouahhh ! Loïc a fait caca !

Et Loïc rit à son tour.

Honnêtement, je ne vois absolument pas ce qu'il y a de drôle, à part que tous deux me regardent comme si je devais intervenir d'une quelconque façon.

Je ne sais pas quoi faire. L'entendre pleurer, je peux supporter. Jouer à des jeux débiles, je peux supporter aussi. Mais changer une couche qui pue autant, je ne peux pas. (Je me demande si je peux exiger une augmentation de mon salaire de gardienne pour ça.)

Je prends le bébé au bout de mes bras et je sens que je vais vomir. Oh mon Dieu ! Oh mon Dieu ! ! ! ! ! ! ! ! ! Aaaaaaaaark ! ! ! ! ! ! !

Mon premier réflexe, c'est de le chicaner.

– Tu n'aurais pas pu attendre le retour de ta mère avant de faire ça ?

Il me fait un grand sourire et il dit :

– Lili.

Comme j'ai l'impression que c'est sa façon de dire mon nom, je suis charmée pendant une seconde. Je dis bien une seconde, car l'odeur qui émane de lui, aussi mignon puisse-t-il être, est totalement insupportable.

9 h 53

Pestilentiel. On dit : une odeur pestilentielle.

Ça valait la peine que je cherche dans le dictionnaire. (Ça m'a permis d'aller dans une autre pièce.)

9 h 54

J'appelle ma mère. Mais je raccroche aussitôt que la réceptionniste répond. (Elle va me trouver nounoune de ne pas être capable de me débrouiller seule.)

9 h 55

J'appelle Kat.

Moi : Kat ? J'ai besoin d'aide ! Je garde et Loïc, en tout cas, le bébé vient de faire caca dans sa couche et ça pue, c'est effrayant ! Je crois que je vais mourir.

Kat : Loïc ? Super beau nom ! Sortirais-tu avec un gars qui s'appelle Loïc, toi ?

Moi : S'il pue comme ça, non !

Kat : Ça sonne… doux. En passant, faudrait que je te dise…

Moi : Kat, l'odeur me monte au cerveau. J'ai besoin d'aide. Je ne pourrai pas faire ça toute seule.

Kat : OK, OK, j'arrive. Donne-moi l'adresse.

10 h 05

Kat arrive avec sa sœur. Elles ne me voient pas immédiatement, car je suis entourée d'un nuage de pouich-pouich qui sent les fleurs tropicales. (J'exagère encore une fois, c'est vrai que j'ai aspergé la maison du pouich-pouich aux fleurs tropicales, mais aucun nuage ne me cache.) Je jette un coup d'œil surpris vers Julyanne, et Kat dit :

– Je garde, moi aussi. Mais je n'ai pas de couche à changer. Quoique…

Julyanne : Meh ?!? Rapport ?

Kat : Hé ! C'est moi qui dis « meh, rapport ? » ! Pas capable de faire autre chose que me copier ?

Julyanne : Tout le monde dit ça, pas juste toi !

Moi : Les filles… Je suis en train de mourir asphyxiée.

Julyanne : Ça sent le caca aux fleurs tropicales !

Kat : Ark ! Ça pue ! Ça doit pas être normal. Appelle le 911 ! Bon, ça nous prend des épingles à linge.

Moi : Hein ? Pourquoi ?

Kat : Pour se boucher le nez.

10 h 07

Je ne trouve pas les épingles à linge et je crie :

– Il n'y en a nulle part !!!

Je me tourne vers Antoine et lui demande où elles sont rangées, et il répond par un haussement d'épaules.

Kat: Bon, il faut qu'on se dépêche avant de toutes mourir à cause des odeurs toxiques de caca. (Elle réfléchit un instant.) Il faut qu'on fasse une chaîne. Aurélie, tu changes la couche.

Moi: Non, pourquoi moi?

Kat: C'est toi qui gardes! Bon, moi, je vais tenir les jambes de Loïc et, avec mon autre main, je vais te boucher le nez. Julyanne, elle, va me boucher le nez.

Julyanne: Et moi, mon nez?

Kat: Ben, il te restera une main, tu t'en serviras pour boucher ton nez.

On place Loïc sur la table à langer. Il gazouille. On le trouve mignon, mais nous sommes en pleine stratégie pour réussir à changer sa couche. Je suis au-dessus de lui, Kat lui lève les jambes et me bouche le nez pendant que Julyanne lui bouche le nez et le sien.

J'enlève la couche. On fait toutes: «Ouaaaaaach» en voyant le contenu. J'ai un haut-le-cœur. Loïc rigole. Je mets la couche en boule. Kat me passe la poubelle qu'elle avait pris soin de mettre à la portée de sa main disponible. Avant de mettre la couche dans la poubelle, je l'asperge de pouich-pouich aux fleurs tropicales. Je nettoie Loïc. Kat approche de nouveau la poubelle et je jette la débarbouillette, que j'asperge elle aussi de pouich-pouich aux fleurs tropicales.

Kat fait un essai d'odeur. Elle nous dit qu'on peut se lâcher le nez. La seule chose que ça sent, ce sont les fleurs tropicales. (Et un peu trop, d'ailleurs.)

19h

Je suis revenue de ma journée complètement crevée. Ma mère m'a dit que garder était tellement relax que je pourrais faire mes devoirs. Faux. Je trouve moins fatigant d'aller à l'école que de garder, c'est tout dire. J'aurais envie de me coucher, là, tout de suite.

19 h 32

Je suis dans mon lit, sur le point de m'endormir (total bizarre étant donné l'heure), lorsque ma mère me dit qu'elle a reçu un appel de Denise qui lui a dit qu'apparemment j'avais invité des amis pendant la journée. C'est son fils qui le lui a dit (traître!). J'ai tenté de dire que c'était pour changer la couche, mais ma mère ne m'a pas écoutée. Elle a dit que ce n'était pas responsable de ma part et blablabla. Je sentais mes yeux se refermer à chacune de ses paroles, pas parce que je n'étais pas intéressée par son discours (même si c'était le cas), mais parce que j'avais ma journée dans le corps. J'ai lancé:

– M'man, t'étais pas là. Tu ne sais pas l'enfer que j'ai vécu.

Ma mère: L'enfer?

Moi: Un enfer pestilentiel, nauséabond, ou tous les synonymes que tu veux. Si Kat n'était pas venue, je serais morte ou dans un avion en direction de Tombouctou, car il paraît que ça sent bon, là-bas.

En fait, je *crois* que j'ai dit ces mots. Soit je les ai dits, soit je me suis endormie avant d'avoir pu les prononcer. C'est flou. Je ne le saurai jamais.

Mes impressions sur ma première expérience de travail: je ne veux pas un cellulaire tant que ça...

Vendredi 9 mars

Tommy dit qu'il me trouve assez paresseuse. Il travaille bien comme pompiste dans une station-service, lui, alors les odeurs, il connaît. Il ajoute que ma mère n'est pas « despotique » seulement parce qu'elle veut que je devienne un peu plus adulte et responsable. Bref, il me trouve assez bébé gâté. (Ceci est une citation réelle, car je n'aurais pas inventé ça, c'est trop insultant et ça manque un peu d'imagination et peut-être même de vocabulaire, selon moi, en matière d'insulte.)

J'ai répondu exactement ceci:
– Pfff! Meh! Pfff! Pompiste! Tu contribues au réchauffement de la planète! Pfff!

Pfff! Mets-en, pfff! Tommy a vraiment le tour de me piquer! (Même s'il manque d'imagination dans ses insultes, pfff!) Et lui, son prétendu *band*? Il est où? Hein??? Je me demande qui est paresseux! Pfff!

Samedi 10 mars

Ouh là là! Ouh là là!

Kat vient de partir un peu fâchée de chez moi.

J'ai organisé une soirée pyjama entre filles chez moi. J'ai invité mes nouvelles amies Frédérique, Nadège et Roxanne et, bien sûr, Kat.

On était toutes dans ma chambre, à se dire toutes sortes de choses en se faisant une pédicure avec le séparateur d'orteils qui était donné en prime ce mois-ci dans le *Miss Magazine*. Et puis, à un moment donné, Kat a commencé à être frue. Je ne sais pas pourquoi. Elle m'a prise à part et m'a dit que Frédérique lui lançait constamment des pointes. Je lui ai dit que je ne l'avais pas du tout remarqué.

Selon elle, Frédérique a émis un commentaire disant que Kat n'avait pas de beaux cheveux.

En réalité, ce que j'ai entendu est:

Nadège: Sont super beaux tes cheveux, Kat.

Frédérique: C'est ta couleur naturelle?

Kat: Oui…

Frédérique: Ça paraît pas.

Alors, je ne vois pas du tout ce qui est une insulte là-dedans. Même que, de mon point de vue, venant d'une fille qui se teint les cheveux, ça me semble être un compliment.

19 h 27

J'ai convaincu Kat de revenir dans ma chambre en lui disant que ce n'était pas mal intentionné de la part de Fred, que c'était sûrement une façon de faire un compliment, de lui dire qu'elle avait les cheveux brillants naturellement. Et on a recommencé à parler avec les autres. De tout et de rien, surtout de gars (célèbres).

Puis, Nadège nous a regardées et a lancé :

– Vous ne vous maquillez pas, vous, hein ?

Kat : Euh… des fois, mais pas ce soir. Pas dans une soirée pyjama.

Frédérique : Mais à l'école non plus.

Kat : Pas tout le temps. Des fois…

Moi : Ou dans les partys.

Nadège : C'est parce que vous trouvez qu'il fait chaud et que ça coule ?

Moi : Des fois, mes cheveux se pognent dans mon *gloss* quand j'en porte.

Tout le monde rit.

Kat : C'est quoi, l'affaire ? Vous trouvez que c'est moins beau ?

Frédérique : Ben non. Bon, c'est sûr qu'une petite ligne de crayon n'a jamais fait de mal à personne… mais si vous vous sentez à l'aise comme ça, c'est de vos affaires.

Kat me regarde. Intensément. Je détourne le regard après lui avoir dit avec mes yeux de ne pas s'en faire avec ça. Trop top anodin.

Moi (tentant de faire diversion) : Ma mère m'a donné des échantillons de maquillage qui vaut super cher. Vous voulez les voir ?

Kat n'a semblé comprendre ni ma télépathie ni ma tentative de diversion, car elle s'est excusée et a dit à tout le monde qu'elle devait partir (elle n'avait même pas fini sa pédicure).

Je n'ai pas essayé de la retenir, cette fois. Je ne savais pas quoi faire.

21 h

Le reste de la soirée s'est hyper bien déroulé. On s'est raconté plein de secrets et, souvent, quand on se disait quelque chose, tout le monde disait : « Wouaaahhhh ! Moi aussi ! ! ! ! »

J'ai vraiment plein de choses en commun avec ces filles.

Je pense que Kat ne devrait pas être réfractaire à ce qu'on se fasse de nouvelles amies.

Il paraît que le yoga aide à trouver l'harmonie intérieure. Je pense que ma nouvelle harmonie intérieure acquise grâce à ce « sport » m'a aidée à m'ouvrir à du nouveau. Et j'ai de nouvelles amies. Ça n'enlève rien à Kat. C'est seulement vraiment capotant à quel point je partage énormément de choses avec ces filles.

Possibilité/théorie : Kat ne doit pas faire son yoga de façon assez sérieuse. Oui, voilà.

Dimanche 11 mars

À : Nicolas Dubuc
De : Aurélie Laflamme
Objet : Sans objet

Allô Nicolas,

Je me sens un peu gênée de t'écrire, mais je voulais prendre de tes nouvelles. As-tu joué au hockey pendant la semaine de relâche ? As-tu compris quelque chose au dernier devoir de sciences physiques (si vous avez eu le même que nous : très très compliqué) ?

Comme on va se croiser à l'école, j'espère juste que tout est cool entre nous…

Choubidouwa (je ne savais pas trop avec quelle formule terminer le courriel, alors j'ai inventé, peut-être que je pourrais la breveter et que ça pourrait devenir super populaire, calibre « à bientôt ») !

Aurélie

Lundi 12 mars

Retour en classe.

Plus question que j'aille à l'école sans me maquiller. Je suis une femme maintenant. Une femme. Et j'ai bien compris que se maquiller un peu ne fait de tort à personne. Pas que je ne suis pas jolie sans, c'est juste un bonus, disons. Comme sur un DVD. On adore regarder le film, mais les suppléments rendent l'expérience encore plus tripante. C'est comme ça que je le vois. Et qu'est-ce qu'une demi-heure de sommeil en moins ? Pas grand-chose. Comme pour les gens qui travaillent sur les DVD. Ça leur demande un petit effort de plus, ils doivent sûrement eux aussi sacrifier quelques heures de sommeil pour le plaisir du public qui achètera le DVD. Mais ils le font parce qu'ils savent qu'en fin de compte un DVD sans suppléments est moins le fun. Et que les gens seront portés à attendre l'édition spéciale qui sortira deux ans plus tard, où on aura pris la peine de mettre des suppléments.

Je m'égare. (Pas dans l'école, mais dans ma tête.)

8 h 30

J'ai l'impression que tout le monde me regarde. (Ils doivent me trouver super hot !)

8 h 35

Je croise Kat aux cases, qui éclate de rire.

Moi : Quoi ? ? ?

Kat : T'as une plume sur la bouche.

8 h 45

Bon, après vérification, j'ai effectivement une plume sur la bouche. Une plume qui provient de mon crayon à plume, qui a dû se coller à mon *gloss* quand j'ai rangé mon étui à crayons dans mon sac ce matin avant de partir. Ce n'est pas grave, au pire, les gens croiront que j'essayais de lancer une mode dans le domaine du maquillage.

Mon discours si je remportais un prix prestigieux, genre un Oscar, en tant que « Makeup Artist ». Le prix serait remis par Nicole Kidman (qui aurait elle aussi adopté le style *gloss*/plume et qui me ferait un clin d'œil à mon arrivée sur scène) :

– Je voudrais tout d'abord remercier mes amies, Frédérique, Nadège et Roxanne, qui m'ont énormément encouragée sur la voie du maquillage. Ma mère, qui a toujours accepté que je fouille dans ses produits de beauté (ici, tout le monde rigolerait, car ils pourraient s'identifier, vu que tout le monde a déjà fouillé dans les produits de beauté de sa mère). Je voudrais aussi remercier Denis, mon prof d'éduc de quatrième secondaire, sans qui je n'aurais pas cette harmonie intérieure extrêmement créative, acquise grâce aux cours de yoga.

Puis, en levant mon Oscar, j'ajouterais :

– MERCI ! MERCI TOUT LE MONDE ! C'EST UN RÊVE DEVENU RÉALITÉ !

(À ce moment-là, je trouverais l'Oscar sûrement un peu lourd et je n'aurais qu'une envie, quitter la scène, côte à côte avec Nicole Kidman, avec qui j'échangerais des politesses. La caméra ne capterait pas le son et tout le monde se demanderait ce que nous sommes en train de nous dire.)

16 h 25

Maude, notre prof de maths, est revenue. Plusieurs filles étaient bien déçues de voir Benoît Simard partir. Roxanne a même commencé à faire signer une pétition pour qu'il soit engagé à temps plein à l'école, même si c'est pour laver les fenêtres ! (C'est ce qu'elle m'a dit, non ce qui était écrit sur la pétition.)

Après le cours, Maude m'a fait venir à son bureau et m'a dit être surprise de voir, dans mon dossier, que mes notes avaient considérablement chuté. (Elle n'a pas dit exactement ces mots, elle a été plus, disons, gentille, mais c'est ce que ça voulait dire.) Personnellement, je n'y vois rien d'étonnant, je n'ai jamais été bonne en maths à part cet automne. Et elle était ma prof. Alors, ça devrait revenir maintenant qu'elle est là. Elle a peut-être un effet magique sur mon cerveau. En plus, elle est, comme moi, nulle en ski, puisqu'elle s'est cassé la jambe en s'adonnant à ce sport. Avec son retour, j'ai confiance que mon avenir en mathématiques est assuré. Je lui ai dit que j'allais me forcer, en ajoutant que je devais me dépêcher pour ne pas manquer mon autobus (même si je pars à pied ! Héhé).

16 h 35

Aaaargh !

Nicolas m'énerve !

J'étais aux cases avec Kat et Tommy et on allait rejoindre JF à la salle de jeu quand Nicolas est passé avec son ami Raphaël et qu'il a fait :

– Han.

Un genre d'onomatopée, pas très sympathique, mélangeant voix et soupir, accompagné d'un regard de dédain, comme s'il venait de voir, je ne sais pas, une pelure de banane moisie.

Sur le coup, quand il est arrivé, je croyais qu'il allait vouloir me parler seul à seule, en réponse à mon courriel. Mais non. Il a seulement passé et a fait :

– Han.

Sans s'arrêter.

Confirmant ainsi le malaise que je ressentais.

Kat (se tournant vers moi) : Qu'est-ce qui lui pogne ?

J'ai donc été obligée de tout avouer à Kat et à Tommy sur l'épisode « dérapage-de-ma-bouche-au-contact-de-la-sienne », que je tentais de garder secret (parce que sans intérêt, après tout).

Tommy m'a dit de laisser faire. Que c'est juste un gars piqué dans son orgueil. Et qu'il ne vaut pas la peine que j'y consacre des énergies.

Kat, elle, a dit que 1) elle n'en revenait pas que je ne lui aie pas dit, et que 2) elle n'en revenait pas qu'on parle encore de Nicolas après tout ce temps. Elle trouve que cette histoire traîne. C'est pour ça que j'avais hésité avant de lui en parler. Elle a réagi exactement comme je croyais qu'elle réagirait.

Tant mieux pour elle si elle est la reine des adieux avec son ex (Truch) ! Moi, je vis autre chose !

Moi (en refermant ma case) : Oh ! J'aurais juste envie de lui arracher les cheveux un par un !

Tommy : Arrête, c'est juste ça qu'il veut !

Moi : Avoir la tête rasée ? Hein ? Bizarre… Ça ne lui irait pas très bien, me semble. Ses cheveux sont vraiment une partie importante de son look…

Kat : Non ! Te faire fâcher ! Franchement, Au !

Ah.

Vraiment plate. Vraiment, vraiment, vraiment plate. Tout allait bien avant qu'il commence à m'embrasser. On était amis ! (Bon, OK, la réalité, c'est qu'il y avait peut-être un fond de mini-reste de sentiments entre nous, mais seulement parce que les sentiments – et j'en sais quelque chose – ne sont pas quelque chose qu'on efface comme ça, pouf.)

Mardi 13 mars

Drame en la demeure (de Kat) !

Caprice, le hamster de Kat et de Julyanne, est décédée. Kat m'a demandé d'aller voir Julyanne après l'école pour la consoler. J'ai répondu :

– Pourquoi moi ?

Kat : Ben… tu sais quoi dire, dans ces affaires-là. Tu pourrais être… sa gouroute.

Moi : Gouroute ?

Kat : Féminin de gourou.

Moi : Y a pas de féminin à gourou. Ben, me semble…

Kat: Hein? Vraiment sexiste! Les filles peuvent être gouroutes si elles veulent!

Moi: Je pense que oui, mais c'est juste que le mot ne se féminise pas.

Kat: En tout cas, je ne veux pas faire un débat sur un mot, je voudrais juste que tu parles à ma sœur parce qu'elle est inconsolable et que je ne sais pas quoi lui dire.

16 h 15

Je suis avec Julyanne et Kat, devant la toilette, où un petit arrangement funéraire a été aménagé (des fleurs dans la roulette de Caprice). Julyanne tient Caprice dans ses mains et pleure. Kat a les yeux qui picotent, je le vois bien, malgré le fait qu'elle tente de conserver une certaine contenance.

Je sens bien qu'elle attend de moi que je parle à sa sœur, que je lui dise les bons mots, mais je ne sais pas quoi dire. Je suis incapable de dire quoi que ce soit. Je me sens figée. Je réalise que la seule chose qui m'aide à passer à travers mon quotidien sans mon père, c'est l'impression qu'il reviendra un jour. Comme si, depuis qu'il est parti, j'attendais qu'il revienne. Le simple fait d'admettre qu'il ne reviendra jamais me cause une douleur trop grande. Voilà peut-être ce qui a été différent entre ma mère et moi. Ma mère savait que mon père ne reviendrait jamais. Et elle a été zombie pendant cinq ans, incapable d'en parler ou de prononcer son nom sans verser des larmes. Alors que moi, je peux compter sur mes doigts les fois où j'ai pleuré.

Je me souviens de nombreuses fois où je me suis sentie impuissante devant sa tristesse.

La seule chose qui me tenait, dans ces moments, était le sentiment qu'un jour nous serions tous réunis. J'avais cette image où je voyais mon père revenir à la maison, avec sa mallette de travail à la main et un imperméable sur le dos (je ne sais d'ailleurs pas pourquoi, car mon père n'a jamais eu d'imperméable, j'ai dû voir ça dans un film), et il allait nous dire: «C'est moi! Qu'est-ce qu'on mange?» Je ne sais pas pourquoi il dirait «Qu'est-ce qu'on mange?» non plus. Peut-être juste pour montrer que ce serait une journée normale, où rien de spécial ne se passe, à part son retour. C'est pour ça que je n'ai jamais voulu voir sa tombe. Je n'ai jamais voulu «accepter» qu'il soit mort. Si ma mère a été zombie si longtemps et si elle est capable d'être avec un autre homme maintenant, c'est qu'elle sait, elle, qu'il ne reviendra jamais. Ça lui a pris du temps, mais elle est passée à autre chose. Pas moi. Et, entre nous, je croyais que c'était moi la plus forte parce que je ne pleurais pas autant qu'elle, mais finalement, c'était peut-être elle. Parce qu'elle a accepté ce qui est si difficile à admettre pour moi: que, de mon vivant, je ne reverrai jamais mon père.

16 h 17

Kat me regarde et je sais qu'elle attend que je dise quelque chose de rassurant à Julyanne. Mais que puis-je dire? Quand j'ai demandé à ma mère ce qu'était la mort et où était mon père dans l'univers, elle a dit: «Je ne sais pas.» Je ne sais pas, moi non plus. Je regarde le corps inerte de Caprice et plein de questions surgissent dans mon esprit. Comme: qu'est-ce qui s'est passé au moment où le cœur de Caprice a arrêté de battre? Il faudrait que je dise quelque chose, mais rien ne sort de ma bouche, à part:

– Peut-être… qu'on peut l'enterrer au lieu de l'envoyer dans la toilette?

Kat: C'est mon père qui nous a dit de l'envoyer dans la toilette.

Julyanne caresse Caprice, qu'elle tient dans le creux de sa main, avec sa joue. Kat lui demande de lui passer le hamster pour pouvoir lui dire au revoir aussi. Elle le prend sur sa main et, quand elle lui caresse le ventre, une petite crotte sort.

Kat: Euh… Elle continue de faire caca.

Julyanne: Elle n'est pas morte!!!!

Kat: Mais elle ne respire plus et elle est toute raide.

16 h 25

Il paraît que c'est normal. Nous avons trouvé ça sur Internet. Les intestins continuent de fonctionner après la mort. Ah. Bizarre. (Il y a de ces informations qu'on préférerait ne jamais connaître.)

16 h 32

Je caresse les cheveux de Julyanne, impuissante devant toute sa peine. Kat me regarde et me réclame une parole rassurante. Je baisse les yeux, incapable de prononcer quoi que ce soit. Figée. Je comprends maintenant ma mère de n'avoir su quoi me dire. J'aurais envie de voir ma mère en ce moment et de lui dire que je la comprends.

16 h 37

Julyanne a déposé Caprice dans la cuvette de toilette. Avec quelques pétales de fleurs séchées qu'elle a pris dans le bol de pot-pourri, dans le salon. Et Kat a tiré la chasse. Julyanne s'est mise à pleurer de plus belle.

16 h 38

L'eau a commencé à remonter. On a toutes commencé à paniquer.

Moi : Oh non ! Ça va déborder !

Kat (en regardant Julyanne) : C'est ta faute aussi, Ju ! T'as mis trop de fleurs ! Papa avait dit : « Jetez-la dans la toilette. » C'est tout !

Julyanne : Je ne voulais pas qu'elle se ramasse dans les égouts sans au moins être entourée de fleurs !

Kat : Argh !

Kat a pris une pompe et a commencé à tenter de déboucher le drain. Puis, Caprice est apparue à la surface, suivie de quelques pétales de fleurs.

Kat : Aaaaaaaark !

Julyanne : Caprice ! ! ! ! ! !

16 h 48

J'ai les pieds gelés.

Nous avons finalement enterré Caprice dans le sol. Il a fallu creuser loin, sous la neige, qui est vraiment abondante.

16 h 55

Julyanne est allée dans sa chambre et, une fois qu'on a été seules, Kat a dit qu'elle voulait me dire quelque chose, mais mon cellulaire a sonné. C'était Iohann. J'ai fait signe à Kat d'attendre une minute. Il me proposait d'aller les rejoindre, lui et sa gang. J'ai invité Kat, mais elle a décliné, prétextant qu'elle voulait consoler sa sœur. (Ce qui m'a surprise au début, mais que j'ai compris. Des événements tragiques, ça rapproche.)

18 h 23

Quand je suis rentrée, j'ai vu ma mère dans le salon. J'aurais aimé lui parler, mais j'ai remarqué qu'elle semblait de très mauvaise humeur (j'ai regardé pour voir si je n'avais pas laissé traîner quelque chose, mais je n'ai rien trouvé), alors je n'ai pas osé. On a soupé semi-silencieusement. On s'est seulement communiqué des informations « de base ». Elle m'a dit qu'elle était épuisée par sa job, et j'ai répondu que j'étais épuisée pour cause de funérailles de hamster. Fin de la discussion.

Mercredi 14 mars

Humph. Grrr. Humph.

Depuis deux jours, je mange à la table de Iohann.

Puisque le hamster de Kat est décédé et qu'elle a de la peine, elle n'est pas trop dans son assiette.

J'ai donc proposé à Iohann que, ce midi, *on* mange à *ma* table. Mais il n'a pas voulu venir.

Et ça m'a frustrée. (Je ne peux pas croire qu'il soit « allergique » à mes amis, quand même !)

Je lui ai parlé de la peine de Kat et de son hamster, puis il a répondu :

– Ben là ! C'est juste un hamster !

J'ai mangé à la table de mes amis. Seule. Fâchée.

16 h 29

En revenant de l'école, j'ai parlé de la situation avec Tommy pour avoir son avis de gars sur Iohann. Il n'a émis qu'un grognement.

Moi : Scuse, mais depuis l'époque Cro-Magnon, l'homme a inventé une nouvelle forme de langage.

Tommy m'explique qu'une comédie romantique et un film de science-fiction, c'est la même chose, sauf que le premier s'adresse plus aux filles, tandis que l'autre s'adresse aux gars. Mais que les deux sont impossibles.

Moi : Euh ? ? ? C'est quoi, le rapport ?

Tommy : Ça n'existe pas, un gars qui va dire la bonne chose au bon moment et que tout va être parfait et romantique. Ce sont des personnages.

Moi : Ben... je ne veux pas qu'il agisse parfaitement. Je voudrais juste qu'il comprenne que c'est aussi difficile pour moi de ne pas manger avec mes amis que ça l'est pour lui. Et que ça se peut que quelqu'un aime un hamster et que ça lui fasse de la peine qu'il meure.

Tommy: C'est comme ça. C'est la vie. Moi aussi, j'aimerais ça que ça existe, les robots du futur. Mais ça n'existe que dans les films.

Moi: Tu ne le sais pas, tu n'es pas dans le futur!

Tommy me lance un regard de découragement absolu.

Jeudi 15 mars

Souper au resto avec ma mère, avant d'aller au ballet.

Elle m'a emmenée dans un resto de sushis. (J'ai trouvé assez étrange qu'on mange du poisson cru, entourées d'aquariums remplis de poissons vivants… C'est assez cruel, comme si les poissons étaient constamment obligés d'assister à des funérailles.)

Elle m'a parlé de Iohann, me disant encore qu'elle le trouvait *cute* et qu'elle aimerait beaucoup que je l'invite à souper. Je lui ai rappelé qu'il est allergique à tout (je pensais à ce moment à mes amis, grrr, grrr) et j'ai ajouté qu'elle avait perdu le privilège d'inviter mes chums à souper lorsque j'ai emmené mon premier chum et qu'elle m'a total humiliée en montrant des photos de moi bébé et en racontant des anecdotes douteuses. Elle a ri. Puis, je lui ai parlé de mon rapport bizarre avec les sushis (j'hésite entre « j'adore ça » et

« ça me donne mal au cœur »), et elle m'a dit qu'elle était comme moi au début, mais que, finalement, elle adorait ça.

J'ai vraiment l'impression qu'elle et moi, on connecte de plus en plus. On dirait, je ne sais pas par quel miracle, qu'on se comprend.

21 h 10

Sauf peut-être en ce qui concerne le ballet. Je n'ai rien contre comme tel, mais, à trop forte dose, combiné à des sushis, cela peut m'endormir. Je passe trop de temps à me questionner sur le choix des costumes. Aérodynamisme ? Ce questionnement m'épuise.

Je suis semi-concentrée sur le spectacle, le coude posé sur l'accoudoir de mon siège et la tête appuyée sur ma main. Ma mère, quant à elle, semble absorbée et elle verse même quelques larmes. Elle voit sûrement quelque chose qui la touche, alors que, moi, je vois seulement du monde sauter et leur tutu rebondir.

Mon discours, si je remportais un prix prestigieux de danse (le prix serait remis par Mikhail Baryshnikov, un réputé danseur de ballet qui serait à la retraite et qui ajouterait, avec un accent russe, que je représente l'avenir de la danse) :

– Merci, merci infiniment. Plus jeune, j'étais intriguée par les costumes des spectacles de ballet, mais j'ai rapidement découvert qu'ils apportaient quelque chose d'unique au domaine de la danse, en plus d'être aérodynamiques et pratiques pour les danseurs.

Maintenant, j'assume le tutu ! Et, surtout grâce à vos encouragements qui me touchent énormément, je continuerai de faire honneur au domaine de la danse. Je voudrais, en terminant, dédier ce prix à ma mère qui m'a emmenée pour la première fois au ballet. Merci, maman ! (Je serais soudainement émue aux larmes, me remémorant mon premier spectacle de ballet, et je sortirais de scène, un peu honteuse de m'être ainsi laissée aller à mes émotions devant Baryshnikov et le reste de la salle remplie de sommités de la danse.)

21 h 11

J'appuie ma tête contre l'épaule de ma mère.

Samedi 17 mars

Oh ! mon Dieu ! Oh ! mon Dieu ! Oh ! mon Dieu !!!!!!!!!!!!

Kat et JF sortent ensemble !!!! Et elle ne m'a rien dit !

Je suis total frue !!!

Bon, voilà. J'étais chez Kat. Pour sa fête. (Sa fête est le 22 mars, mais elle a décidé de la fêter aujourd'hui. Elle fait une fête chez elle, avec sa famille, et elle a également invité Jean-Félix et même Tommy.)

Elle était un peu frue de mon heure d'arrivée (deux heures après qu'elle nous ait conviés, parce que Iohann avait une partie de basket cet après-midi et que j'avais promis d'y assister… mais j'avais pourtant averti Kat que j'arriverais plus tard, car je tente de maximiser mon horaire).

Bref, Kat a reçu en cadeau la même chose que l'an passé, une inscription au camp d'équitation pour cet été. Elle partira trois semaines au mois de juillet. Elle ne sera même pas là, elle, à ma fête, comme elle n'a pas été là l'an passé non plus, lorsque j'étais chez ma grand-mère et elle au camp. Je n'ai pas osé le lui dire, mais je trouve qu'elle n'a pas à être fâchée contre moi parce que je n'assiste pas à *toute* sa fête (et, bon, parce que je répondais peut-être un peu trop souvent à des messages-textes que je recevais de mon autre gang).

Et c'est après ce cadeau, lorsque JF a donné son cadeau à Kat et qu'elle lui a donné un bec sur la bouche, que j'ai su.

J'étais complètement abasourdie !

JF et… Kat???!!!!??!!!!!!

Tommy était plus loin, dans le salon, en train de choisir la musique qu'on écouterait. Je me suis approchée de lui et lui ai demandé :

– JF et Kat… ?

Tommy : Je n'ai pas le droit de dire quoi que ce soit.

Moi : Hein ?

Tommy : Ben… si tu ne te tenais pas si souvent avec ton autre gang, tu le saurais.

Moi : Je saurais quoi ?

Tommy : Ils sortent ensemble.

Moi : QUOI ?!?!!!!!?????????????? Mais comment ? Quand ? Pourquoi ? Kat me dit toujours tout !!!???!!!!

Tommy : Ç'a ben l'air que non.

18 h 01

On mange, mais la bouffe ne passe pas. Je vis une haute trahison. Je regarde Kat, puis je regarde Jean-Félix. Mais comment ? Elle m'a toujours dit qu'il ne l'intéressait pas ! Selon Tommy, ils se sont rapprochés au cours des dernières semaines, se sont appelés tous les jours, et ont commencé à se dire qu'ils ne pouvaient vivre l'un sans l'autre. Ils se seraient embrassés pendant la semaine de relâche, chez Kat. (Peut-être que c'est ce qui a causé une crise cardiaque à retardement à Caprice, qui n'en est pas revenue, tout comme moi.)

19 h 14

JF et Kat ???? Je n'en reviens pas !

19 h 16

J'ai expliqué à Kat que je voulais lui donner son cadeau seule à seule, car c'était un secret. (Faux, c'est un t-shirt hyper cool que j'ai acheté lors de ma dernière séance de magasinage avec mes autres amies.)

Kat : Qu'est-ce qu'il y a de secret là-dedans ?

Moi : Euh… JF ???

Kat : Quel rapport a JF avec ce t-shirt ?

Moi : Tu sors avec JF et tu ne m'as rien dit !!!!!!

19 h 23

Je suis partie de chez Kat en ne claquant pas la porte, mais c'est ce que j'aurais aimé faire. Nous sommes total en chicane. En gros, elle me reproche de m'être fait de nouveaux amis. C'est comme ça, la vie. On évolue. On rencontre d'autres personnes. Qu'est-ce qu'elle pense? qu'elle sera ma seule et unique amie pour la vie?

Le pire, c'est qu'elle est allée dire que mes nouvelles amies étaient hyper poches et qu'elle soupçonnait Frédérique d'aimer encore Iohann.

Je lui ai dit que ce n'était pas parce qu'ils étaient restés amis après être sortis ensemble qu'elle tripait encore sur lui! Et elle a dit que c'était ce qu'elle sentait. (Mais comme je sais que Kat n'est pas douée en télépathie/lecture de pensées, je ne lui accorde aucune crédibilité.)

Elle dit qu'au party pyjama, Frédérique n'arrêtait pas de faire des allusions à Iohann.

Je lui ai répondu que c'était tout à fait normal, étant donné qu'ils se voient très souvent. Comme si moi, par exemple, je parlais de Tommy. Kat a dit que c'était différent, car je n'étais jamais sortie avec Tommy. Et que mes nouvelles amies, dans le fond, se foutaient de moi! Et que pendant la semaine de relâche, j'avais changé!

Et là, j'ai souligné qu'elle aussi avait changé, car elle m'a caché qu'elle sortait avec JF et elle a dit que moi aussi, je lui avais caché que j'avais embrassé Nicolas et, profitant du fait que j'étais un peu bouche bée, elle a ajouté (et je cite) que, de toute façon, elle a essayé de me le dire, mais que finalement je ne méritais pas de le savoir. Elle a même ajouté qu'elle l'a dit à sa sœur avant moi! (C'est tout dire.)

Alors, là, total frue, je lui ai dit:

– On ne peut pas être notre seule amie pour la vie!

Et elle a répondu (vraiment *drama queen*, selon moi):

– Totalement d'accord! Fait que finissons-en tout de suite!

19 h 46

En sortant de chez Kat, j'ai composé le numéro de Iohann sur mon cellulaire, mais il n'était pas là et j'ai tout de suite remis ma mitaine, car j'avais les doigts gelés. Puis, j'ai vu que Tommy me rejoignait et j'ai commencé à lui raconter ce qui s'était passé.

Tommy: On a entendu, t'sais. Les murs sont pas si épais. C'était un peu chien quand tu as dit que JF était un « grand *slack* avec une coupe de cheveux des années 50 ».

Moi: Mais elle venait de dire que mon chum avait des cheveux de caniche.

Tommy: C'est clair que je vais la ressortir à JF.

Moi: Est-ce qu'il m'en voulait?

Tommy: Non, il est parti à rire.

Moi: Ça te frustre que je mange avec Iohann et ses amis?

Tommy: Tu fais ce que tu veux, Laf. C'est ta vie.

Jeudi 22 mars

C'est la vraie fête de Kat aujourd'hui. On ne s'est pas parlé depuis son party.

Pour tout dire, je l'évite. Je crois que je ne suis pas capable de passer par-dessus (pas dans le sens que je me sens incapable de l'enjamber, elle, comme si c'était, disons, une discipline olympique, mais dans le sens de passer par-dessus cette chicane).

12 h 35

Au dîner, pendant que Iohann raconte une anecdote de ski, je regarde Kat, JF et Tommy qui semblent rire de quelque chose que vient de dire Tommy. Je me demande ce qu'il a dit de si drôle.

Puis, j'entends soudain Iohann qui dit:

– Hein, Aurélie?

Moi: Euh…? Quoi?

Iohann (en me collant): Ma blonde est toujours dans la lune! Elle descend même les pentes de ski à pied!

Tout le monde répète: « À pied?!?!!! »

Et Iohann raconte cette anecdote absolument hilarante (pour les autres) où j'ai descendu une pente de ski avec mes skis sur l'épaule. Voyant que cette anecdote avait beaucoup de succès, il y est allé de quelques autres anecdotes sur moi et mes maladresses.

Bon, si ça peut faire rire…

13 h 05

Aux cases, je prends mes livres pour les cours de cet après-midi pendant que Nadège me parle d'un gars qui semble triper sur elle (Gizmo, que je connais), mais qu'elle trouve niaiseux (je n'ose pas lui dire que je le trouve plutôt sympathique).

JF vient près de moi. Nadège le toise. (J'ai du mal à croire qu'ils ont déjà été amis.)

JF : Si tu veux, après l'école, on fait quelque chose pour la fête de Kat.

Nadège : Aurélie fait déjà quelque chose avec nous.

JF : Aurélie ne peut plus parler toute seule ?

Nadège : Jean-Félix Ouimet, c'est pour ça que tu n'as pas beaucoup d'amis, tout le monde te trouve chiant.

JF : C'est le prix à payer quand on est articulé.

Je ris discrètement. J'ai toujours admiré Jean-Félix pour son sens de la répartie. J'aimerais avoir le même. Ce serait bien pratique dans certaines circonstances.

Jean-Félix me regarde. Et je me sens déchirée. Mais Kat m'en veut. Et c'est toujours moi qui vais vers elle. Je lance :

– Euh… ben… j'ai… quelque chose.

Puis, je pars avec Nadège, un malaise au ventre. (Je crois que je vais avoir mes règles ou un truc du genre…)

Vendredi 23 mars

Ce soir, au cinéma, Iohann m'a acheté du pop-corn. (Il a oublié que je lui avais déjà dit que je préfère les jujubes parce que je trouve que le pop-corn sent le vomi et que ça laisse des trucs dans les dents, mais je me sentirais assez capricieuse de me plaindre. Après tout, c'est l'intention qui compte.) Malgré tout, j'en ai mangé pour lui montrer mon appréciation.

Note à moi-même (d'après expérience) : Ne plus embrasser Iohann après avoir mangé du pop-corn. 1) Très mauvais goût et 2) peut laisser des grumeaux causant un mal de cœur absolu.

Samedi 24 mars

Partie de basket de Iohann. J'y assiste. Comme chaque fois. Je suis assise avec Frédérique, Nadège et Roxanne.

Constat : Je trouve ça vraiment plate. Qu'est-ce que je faisais de ma vie le samedi avant de sortir avec Iohann ? Je suis certaine que j'avais une autre activité que de regarder un sport que je déteste, même si ledit sport me permet de voir les tendons tendus de mon chum.

14 h 15

Nadège se lève pour aller chercher une boisson gazeuse.

Frédérique : T'as remarqué à quel point Nadège se fout de nous ces temps-ci ?

Roxanne : Tout ce qui l'intéresse, c'est Jérémy ! Moi, je ne suis plus capable de l'entendre parler de lui.

Frédérique : Ouain, et ensuite, elle s'en va le faire espionner par sa cousine pour savoir s'il a une blonde.

Moi : Ah ouain ? Elle fait ça ?

Frédérique : Pis t'as vu son look qui s'en vient de plus en plus punk ? Elle se prend pour une anarchiste marginale, mais dans le fond, elle a un cellulaire et son père est riche. C'est juste une *wanna-be* punk !

14 h 32

Nadège est revenue et on encourage les joueurs. L'équipe de Iohann mène 40-32 et il me salue souvent en me faisant des sourires complices. J'avoue que la partie de basket m'ennuie, mais que ses sourires (et ses tendons tendus) me font craquer.

Frédérique s'excuse et s'en va aux toilettes.

Nadège : Avez-vous remarqué que, ces temps-ci, Frédérique est vraiment sur les nerfs ? Chaque fois qu'on dit quelque chose, elle pète une crise.

Roxanne : Oui, ça n'a pas de bon sens ! Je ne sais pas ce qui lui arrive. Au début, je pensais que c'était à cause de la lune ou quelque chose du genre, mais je pense qu'elle est carrément revirée sur le top !

Nadège : Pis as-tu remarqué qu'elle met toujours son chandail gris ? Au moins deux fois la semaine passée, et ça fait déjà trois fois cette semaine.

Roxanne : Son maudit chandail gris, moi je ne suis plus capable de le voir !

Nadège : *Anyway*, on sait pourquoi elle met toujours ce chandail, hein ?

Moi : Pourquoi ?

Nadège : Laisse faire.

Moi : Non, vous pouvez me le dire, je ne le dirai pas.

Roxanne : Non, laisse faire.

Je n'insiste pas (mais je me sens un peu rejet).

14 h 47

Iohann vient de faire un panier. Frédérique, Nadège, Roxanne et moi nous levons et faisons une danse d'encouragement. Les joueurs nous imitent pendant quelques secondes. On rit.

Roxanne va s'acheter un chips.

Nadège : Rox m'énerve au plus haut point ces temps-ci ! Elle n'arrête pas de chialer !

Frédérique : Un devoir supplémentaire et on dirait qu'on vient de mettre une montagne dans son sac d'école.

Nadège : Pis son jean ! T'sais, son jean bleu foncé ? Il a des trous, *man* ! Il faudrait qu'elle s'en achète un autre !

Frédérique : Elle peut pas, elle va encore dire que ses parents sont divorcés, que ça coûte cher ses broches et na na na na na !

Soupir.

Je regarde le jean que je porte en ce moment. Mon jean de New York choisi par François. Que je porte vraiment souvent parce que je trouve qu'il est le plus beau de ma garde-robe. Et je me demande si elles ont déjà passé le commentaire que je le mettais trop souvent et qu'à la longue il doit finir par puer (je me penche discrètement pour sentir mon jean, pour vérifier : tout semble sous contrôle, fiou).

15 h 32

La partie se termine. L'équipe de Iohann a gagné. Ce qui est vraiment cool, car lorsqu'ils perdent, il est un peu dans sa bulle.

15 h 33

Considérant que s'absenter pendant la partie représentait un « danger social », je n'ai pas osé aller aux toilettes de tout le match. J'ai entendu un craquement qui sonnait comme ça, « poc », et j'ai cru que c'étaient mes reins qui explosaient (caricature).

20 h 08

On a célébré la victoire dans un *fast-food*, comme à chaque fois. Tout le monde se racontait les faits saillants du match. Des filles de l'école qui y ont assisté sont venues féliciter les joueurs. Des couples se sont même formés sur place.

À un moment donné, alors que j'étais prise en sandwich entre Iohann et Louis-Martin Bélanger sur le banc du restaurant (où il y a de la place pour quatre alors qu'on était six), quelqu'un (je ne me souviens plus qui) a demandé (alors que j'étais dans la lune):

– Toi, c'était quoi ton bout préféré?

Et là, j'ai répondu:

De quel film?

Et tout le monde a ri, car ils parlaient (encore) de la partie. (Dommage que ce soit impoli de manger sous une table, car j'y serais allée illico.)

Comment une fille comme moi qui déteste le sport a pu se retrouver avec un sportif comme Iohann? Qui n'a aucun autre intérêt dans la vie?

Ah! Je sais! Facile! Les contraires s'attirent!

Mais… qui se ressemble s'assemble, aussi. Hum…

20 h 10

Je m'ennuie de Kat…

Dimanche 25 mars

Je reviens de garder (je suis très demandée, je bénéficie d'un bouche-à-oreille exceptionnel). J'ai maintenant le tour avec les couches. Une fois les enfants endormis, j'ai fait mes devoirs et j'ai échangé des messages-textes avec Nadège et Iohann.

Mon discours si je remportais le pri courage, pour mon dévouement à la cause d enfants, remis par la gouverneure générale, l très honorable Michaëlle Jean :

– J'ai commencé à m'intéresser à la cause des enfants en devenant gardienne. Bien évidemment, au début, j'ai été un peu saisie par l'odeur forte qui s'en dégageait et qui est inversement proportionnelle à leur taille (toujours bon de commencer avec une blague). Mais, rapidement, j'ai découvert qu'il y avait plus chez les enfants. Une pureté face à la vie. Un bonheur facile qu'ils savent nous communiquer par l'intensité de leur regard. S'intéresser aux enfants, c'est s'intéresser à la vie. S'il vous plaît, contribuez à leur offrir un avenir meilleur.

Quelques personnes auraient sorti un mouchoir pour essuyer des débuts de larmes. Je serais évidemment consciente du manque de subtilité de mon discours. Mais parfois, pour qu'un message passe, il faut qu'il soit clair. (Et j'omettrais complètement de parler de Milan, que j'ai gardé ce soir et qui est carrément, absolument et officiellement, un monstre mutant hyperactif dangereux.)

Mardi 27 mars

Frédérique a eu une idée vraiment drôle ! Faire la grève de la parole. Ainsi, elle, Nadège, Roxanne et moi avons décidé de ne pas parler de la journée, même (et surtout) quand un prof nous pose une question. On ne peut que se parler entre nous.

13 h

Hihihi, c'est drôle, faire la grève de la parole. Les profs capotent.

14 h 15

Hihihi, ils capotent raide. Voir leur face quand on ne répond pas malgré leurs questions. Hihihi ! Drôle, drôle, drôle !

15 h 45

Je suis devant tous les élèves de mon niveau, la tête entre les omoplates (façon de parler, car physiquement impossible), morte de honte.

Au début du cours (mathématiques), le directeur adjoint a convié tous les élèves de notre niveau au gymnase.

Apparemment, les profs se seraient parlé, auraient noté les noms des « grévistes de la parole » et se seraient plaints au directeur, qui a décidé d'en faire tout un plat.

Aujourd'hui, il y a quinze minutes

Tous les groupes sont arrivés au gymnase. Tout le monde s'est assis par terre. Puis, le directeur adjoint a commencé son discours:

– Nous sommes rassemblés ici parce que certaines élèves ont décidé de faire la grève de la parole.

Il nous a ensuite nommées, une par une.

Lui: Roxanne Gélinas, Aurélie Laflamme, Frédérique Lalonde et Nadège Potvin-Martineau, veuillez vous présenter à l'avant s'il vous plaît.

Nous nous sommes toutes avancées au fur et à mesure que notre nom était prononcé.

Et il a demandé:

– Alors, mesdemoiselles, qu'avez-vous à revendiquer?

J'ai baissé la tête, comme si je désirais qu'on ne me voie pas, pour être certaine de ne pas avoir à répondre à la question.

Aucune de nous n'a pris la parole.

J'ai cru que Frédérique prenait son souffle pour parler, mais il a continué:

– Ici, à l'école Louis-de-Bellefeuille, nous encourageons nos élèves à aller au bout de leurs idéaux. Nous avons un comité qui lutte pour l'écologie. Nous avons accordé à ce comité une période complète pour transmettre ses revendications. À sa demande, nous avons même changé certaines de nos habitudes dans l'école. Nous avons une association étudiante, qui a pour ambition de faire changer certains règlements de l'école et qui a à cœur les demandes des étudiants. Mais là, mesdames, vous avez fait ça seulement pour déranger.

Tak ! Voilà le bruit que ça fait quand on se fait piquer l'orgueil.

Retour à maintenant, 15 h 45

J'ai donc la tête enfoncée dans mes omoplates, je ne regarde personne tellement j'ai honte. Je me demande simplement ce que je fais là, moi, Aurélie Laflamme ? Et je regarde Kat du coin de l'œil, au fond du gymnase, avec le reste de mon groupe. Et Tommy, au milieu, qui semble avoir un sourire en coin. Je crois apercevoir Nicolas qui regarde par terre. Et je repère également JF qui regarde l'heure.

16 h 03

Nous revenons en classe et, comme il ne reste que quelques minutes au cours, le prof nous conseille de faire de la lecture personnelle.

17 h 01

Toute la gang est dans le sous-sol, chez Nadège, et tout le monde rit et se tape dans la main. Frédérique dit qu'elle a réussi à se libérer d'une période de cours. Elle avait un cours de français au moment de l'appel à tous.

Étrangement, je ne me sens pas bien. Je suis la seule qui ne rie pas. Je suis encore hyper mal à l'aise de m'être retrouvée dans cette situation.

17 h 15

Iohann a son bras sur mon épaule. Et il raconte une anecdote que je n'écoute pas sur un autre plan du même genre que Frédérique a déjà fait. Puis, elle le relance avec un autre souvenir. Et il la relance avec un souvenir que je décide, finalement, d'écouter. Ledit souvenir :

Ils étaient dans un parc, l'été passé, à regarder les étoiles. Puis, un chien selon Iohann/un loup selon Frédérique s'est approché d'eux. Pour protéger sa blonde, Iohann s'est levé et a commandé au chien de partir. Frédérique, elle, l'a pris comme si Iohann l'abandonnait. Elle aurait voulu qu'il continue de la protéger en la collant. Iohann soutient qu'il la protégeait davantage en faisant ce qu'il a fait.

Puis, pour s'excuser, Iohann lui a acheté un t-shirt où il est écrit : « *Don't be afraid of the big bad wolf.* »

Son chandail gris. Qu'elle porte au moins une fois par semaine.

C'est Iohann qui a ajouté le bout du t-shirt.

Pendant que Frédérique le regardait avec des yeux brillants.

Kat avait raison. Frédérique est encore total amoureuse de lui. C'est évident. Il y a plein de choses que je n'avais pas remarquées. Par amour sûrement. (Je me demande s'ils se sont déjà embrassés après leur rupture, un peu comme moi avec Nicolas. Et qu'il ne me l'aurait pas dit. Et elle non plus. Et que c'est pour ça qu'il n'aurait pas été fâché que j'aie embrassé mon ex.)

Bon, pas besoin de paranoïer.

17 h 17

Je gratte le creux de la main de Iohann. Ce signe signifie habituellement que j'aimerais partir, mais il n'y fait pas attention et continue de rire avec les autres.

Je regarde tout le monde tour à tour. Je ne sais pas trop ce que je fais ici. Et une pensée étrange me traverse l'esprit. J'ai plus d'amis que je n'en ai jamais eu. Et je ne me suis jamais sentie aussi seule…

17 h 25

Mon cellulaire sonne.

Kat?

Ma mère. Qui me dit:

– Qu'est-ce que je t'avais dit quand tu as insisté pour aller à cette école?

Moi: Euh…

Ma mère: Que je ne voulais pas me faire appeler par le directeur.

Moi: Ouain…

Ma mère: Tu rentres tout de suite. Et si on était dans mon temps, je te priverais de souper. Nos connaissances présentes en alimentation m'empêchent de te donner cette punition. Mais je suis complètement hors de moi. Hors de moi!

Moi: J'm'excuse, m'man…

Ma mère : Je pensais que tu étais plus mature !

Moi : Je le suis…

Note à moi-même : Je comprends maintenant les études qui disent qu'un cellulaire peut être dommageable pour le cerveau.

Samedi 31 mars

Je suis allée chez Iohann. On a regardé un film, collés. Puis, après le film, il a commencé à me dire qu'il veut qu'on aille au bal ensemble l'an prochain. Il dit qu'il aimerait ça qu'on se prenne un appart ensemble après le secondaire. Lui, il veut étudier hors de la ville. Pour vivre un trip au cégep.

Sans prendre trop au sérieux ce qu'il disait, j'ai répondu :

– Oui, et d'ici là, ils auront peut-être inventé un vaccin contre l'allergie aux chats !

Et il a dit :

– Ben… j'en doute. Au pire, tu la feras euthanasier.

20 h 10

J'ai regardé intensément Iohann. Et je me suis imaginé l'avenir qu'il me propose. 1) Je passerais mon temps à regarder des parties de basket-ball et/ou de soccer. 2) Je passerais mon temps avec ses amis à lui parce qu'il ne veut pas laisser sa gang pour venir voir la mienne. 3) Une vie sans beurre d'arachide. 4) Et une vie non seulement sans Sybil, mais sans quelqu'un qui comprend l'importance qu'elle a pour moi, et pour qui la première solution à une possible future cohabitation avec moi est de la faire euthanasier.

J'aime beaucoup Iohann, mais j'ai la nette impression qu'il n'y a aucune place pour *moi* dans ce qu'il me propose. Bien sûr, je serais là, physiquement parlant, mais quasiment comme une figurante. Mon corps serait à ses côtés, mais pas ce que je *suis*, en tant que personne.

Mais qui suis-je réellement ? Je ne le sais pas trop, en fait. Je n'ai pas de but concret. Ni de passion forte.

Tout ce que je sais, c'est que je ne suis pas prête à renoncer à moi-même – même si je ne sais pas encore ce que ça signifie – pour être avec un gars.

Combien de temps peut durer une relation à partir du moment où on découvre qu'elle n'a aucun avenir ?

21 h 13

Je cogne à la porte de la chambre de ma mère. J'ai le cœur gros. Et j'ai envie de me coller à elle.

Elle me dit d'entrer. Elle est en pyjama, dans son lit, entourée de mouchoirs utilisés. Je me sens soudainement très mal. J'ai l'impression qu'elle pleure à cause de moi. Parce que je suis traîneuse et que je ne fais pas assez le ménage comme elle me le demande. Que je ne respecte pas les couvre-feux qu'elle me donne et que je lui mens pour m'en sortir. Hier, quand je suis rentrée, elle m'a engueulée solide. Me reprochant (un peu comme Kat) de ne plus me reconnaître depuis quelques mois. Elles ont raison. Je ne me reconnais plus moi-même. Je me sens très coupable.

Je m'approche un peu d'elle, avec l'idée de m'excuser pour ce que je lui fais subir et je remarque qu'elle regarde une vidéo.

Je jette un coup d'œil et je découvre que c'est une vidéo de mon spectacle de ballet-jazz. Je dis, tout excitée :

– Hé ! T'as retrouvé les cassettes de ballet-jazz !

Elle ne quitte pas des yeux le téléviseur et fait reculer la bande pendant une seconde. On entend mon père qui rit et qui dit tout bas :

– R'garde ça, France ! Elle est toute mêlée dans les mouvements. Ça, c'est ben notre fille !

Et la caméra bouge un peu, comme s'il s'était tourné pour dire ça et qu'il en avait perdu le contrôle.

J'ai une boule dans l'estomac et je me sens soudainement tout étourdie. J'entends la voix de mon père…

Ma mère appuie sur pause et me dit :

– J'ai laissé François. Et ma job.

Moi : Hein ????!!!???!!! Pourquoi ?????

Ma mère : C'est compliqué… Mon amour pour ton père est toujours là. Toujours présent en moi. Vivant. Mais l'homme que j'aime n'existe plus. Comment je peux être avec quelqu'un d'autre ?

Moi : Je pensais que… t'allais mieux ?

Ma mère : François aimerait que ça aille plus loin, nous deux. Qu'on s'engage. Qu'on habite ensemble. Mais comment je pourrais aller plus loin, puisque j'aime encore quelqu'un d'autre ? Qui n'est plus là…

Elle fait encore une fois reculer la cassette pendant une seconde et repasse la même séquence.

Moi : Combien de fois t'as regardé ça ?

Ma mère : Sa voix, c'est sa voix qui me manque…

Moi : Moi aussi, je m'ennuie de sa voix. Pareil comme toi.

Elle recule une fois de plus la cassette et repasse la séquence.

Moi : Moi aussi, je vais sûrement laisser Iohann…

Elle se tourne vers moi, très surprise et dit :

– Ah oui ? Mais il est super gentil… Et populaire et tout…

Moi : Bof… Populaire… On n'a pas d'avenir.

Ma mère : Ben voyons ! T'es jeune pour penser à ça.

Elle recule encore la cassette et repasse la séquence.

Entendre la voix de mon père… C'est trop étrange… Ça me fait de la peine de regarder ça.

Mais ça m'en fait encore plus de voir ma mère dans cet état. Je lui prends la télécommande des mains et j'appuie sur « stop ».

Ma mère : Je m'excuse, ma belle. Je vais me ressaisir, je te le promets…

Moi : Est-ce que tu penses que, quand papa est mort, nos cœurs ont été brisés à tout jamais et qu'on ne sera plus jamais capables d'aimer ?

Ma mère : Ben… je t'aime, toi.

Moi : Même si je fais des niaiseries ?

Ma mère : Ben oui, franchement !

Moi (en me collant à elle) : Moi aussi, je t'aime, maman.

Ma mère : Alors, tu vois, on est capables.

Avril

Tomber pile

Mardi 3 avril

Je suis en manque assez puissant de chocolat.

Je pense toujours aux gâteaux. C'est une obsession dans ma vie. Je ne sais pas comment faire pour ne pas y penser. Si je pouvais, je ne me nourrirais que de gâteaux. Au chocolat, principalement. De bons gâteaux moelleux, avec du crémage. Plein de crémage. Je commence par manger la partie sans crémage et, ensuite, je tombe sur le crémage et ça me procure une sensation de bonheur extrême!!! La partie du crémage!!! Wow!!! Wouhou!!!! Trop débile!!!!!

Ma mère m'empêche d'en manger autant que je voudrais. L'autre jour, je lui ai sorti le Guide alimentaire canadien, car j'y ai découvert que tout repas devait comprendre une portion de fruits et légumes, une portion de viande ou substitut et une portion de céréales.

Comme la farine est faite à partir d'une céréale, j'ai dit à ma mère que si j'enlevais le riz de mon repas, je pouvais manger un gâteau sans problème.

Bref, si je mange une salade (sans féculents), alors là, je peux manger quelque chose qui contient de la farine pour me composer un repas vraiment équilibré : un gâteau!!!!!!!!!!!! Au chocolaaaaaaaaaat! Oh, juste d'y penser, je saliiiiiiive!

Ma mère a dit (et je cite) :

– La gestion de ta consommation de gâteau te prend beaucoup de temps, que tu devrais plutôt consacrer à tes études.

Mon discours, si je remportais un prix dans un gala annuel de nutrition, si un tel gala existait.

Le prix serait remis par un médecin de renommée internationale qui dirait :

– Cette année, nous remettons le Prix de la pomme, un prix qui honore une personne ayant contribué à de grandes avancées dans le domaine de la santé, à une dame qui a redoré le blason des gâteaux, leur donnant une place de choix dans l'alimentation en leur permettant d'entrer dans la catégorie des céréales. Cette avancée permet à tous de jouir d'un excellent dessert sans culpabilité. Le prix est donc remis à mademoiselle Aurélie Laflamme, pour l'ensemble de son œuvre de gâteaux.

Et là, je m'avancerais, et je dirais :

– Je remercie les pâtissiers, ma source première d'inspiration, ceux qui savent faire de la magie avec de la farine, du beurre, des œufs, de l'eau, du sucre et, surtout, du cacao, un ingrédient dont nul ne pourrait se passer. Je leur dédie ce prix.

Mon discours serait suivi d'une cascade d'applaudissements.

Mercredi 4 avril

Je ne sais pas comment dire à Iohann que c'est fini.

Il me tient par l'épaule pendant qu'il parle à ses amis en attendant son tour pour la table de mississipi.

Nicolas, que je réussis toujours à éviter depuis « l'épisode patinoire », arrive dans la salle de jeu. Et passe devant moi sans me regarder. Ça me fait me sentir mal. Et un peu triste. Nous qui avions réussi à être amis. Ce sera ça, nous deux, maintenant. Deux inconnus dans la même école. Un gars que j'ai pourtant tant aimé…

Je me demande si ce sera la même chose avec Iohann…

Jeudi 5 avril

Ma mère a recommencé à être obsédée par le ménage et m'a fait remarquer tout ce qui traînait dans la maison, ce qui a failli me mettre en retard pour l'école. J'ai eu beau lui parler de mon horaire chargé dans lequel je tente de concilier vie scolaire, vie sociale, vie familiale ainsi que vie professionnelle (je garde presque tous les soirs), elle n'a pas semblé trouver l'argument valable. Avec tout ce qu'elle m'a demandé de faire avant de partir pour l'école, j'ai à peine eu le temps d'attraper une banane pour déjeuner.

15 h 15

À la demande générale, on a arrêté de faire du yoga en éducation physique pour ne se concentrer que sur les sports d'équipe. Tout le monde était un peu tanné des sports individuels (mon idée).

16 h 21

Après le cours, Denis, le prof d'éduc, m'a fait venir à son bureau.

Denis : Pas trop déçue qu'on ait arrêté le yoga ?

Moi : Un peu… Je fais perdre mon équipe au basket…

Denis : Tu te souviens de ce que je t'ai dit en début d'année ? Si tu te sens grande et forte, ça te permettra d'avoir assez de confiance en toi pour entrer le ballon dans le panier.

Moi : Mais je me sens grande et forte !

Denis : Attention ! Si on se croit invincible et qu'on ne se met jamais en doute, on ne cherche pas à s'améliorer et on stagne.

16 h 25

Pfff ! Le doute, c'est ma vie !!! Il croyait que je me pensais bonne ???

16 h 26

Bon, c'est vrai que, ces dernières semaines, je me suis peut-être un peu pensée bonne.

16 h 27

Dans les prochains jours, j'ai plusieurs choses à faire. Entre autres : me retrouver.

16 h 28

Il faut seulement que je trouve où je me suis perdue.

19 h 29

J'ai regardé sous mon lit. Juste au cas où. Car habituellement, dans le bordel de ma chambre, tout ce que je perds est là.

19 h 30

Mais non, je n'ai pas regardé sous mon lit pour me trouver ! Ç'aurait été tellement niaiseux ! Pouhahahaha !

Vendredi 6 avril

Aujourd'hui, c'est la journée de rencontres de parents à l'école, donc journée pédagogique.

J'ai passé la journée avec Tommy.

Je lui ai exposé mon dilemme de rupture. Il a dit :

– Quel dilemme ? Tu ne l'aimes plus, tu le laisses, c'est tout.

Le dilemme est que : 1) ce n'est pas que je ne l'aime plus, 2) ce serait chien de faire ça avant Pâques parce qu'il m'a dit qu'il m'a acheté un cadeau, et 3) euh… je ne me souviens plus du troisième point.

Tommy a dit:

– Vous vous compliquez tellement la vie, les filles!

Je lui ai quand même demandé si c'était préférable de faire ça «électroniquement», genre par courriel, par *chat*, par téléphone ou par texto. Et Tommy m'a dit que c'était assurément mieux de faire ça en personne.

Par courriel, j'aurais écrit quelque chose comme:

«Tu es quelqu'un de merveilleux (j'aurais mis ici un émoticon qui sourit), mais je préfère qu'on ne soit que des amis (j'aurais mis ici un émoticon qui fait bye-bye).»

Mais en personne: tellement gênant. Il ne comprendrait pas. Il faut dire que mes explications auraient tendance à être assez floues du genre: «Je t'aime, mais j'ai besoin de prendre ma place et je ne sens pas que c'est possible avec toi, blablabla, je ne vois pas quel avenir on pourrait avoir ensemble, blablabla, j'aime manger parfois avec mes amis, blablabla, pour moi, Sybil est vraiment très importante et tu y es allergique, etc, etc. P.-S.: Je déteste le basket-ball.»

18 h 17

Ma mère est arrivée et m'a dit qu'elle voulait me parler (elle n'avait pas l'air de trop bonne humeur, pourtant la maison était extra propre si on exclut ma chambre).

En gros, les profs ont remarqué une baisse d'intérêt de ma part pour mes cours, et je ne réussis pas aussi bien que ce que je laissais présager au début de l'année. Surtout en maths, ma pire matière.

Ma mère (vraiment fâchée) : Je t'ai laissé plein de liberté ! Je t'ai considérée comme responsable ! Tu m'avais promis de te forcer et on en est au même point que l'an passé. Aurélie, si tu as des mauvaises notes, tu vas finir… caissière ! C'est ça que tu veux ?

Moi (sur le même ton qu'elle) : T'es vraiment snob ! Y a rien de mal à être caissière ! Pis à part de ça, je ne pourrai pas finir caissière parce que je suis POCHE EN MATHS !

Sur ce, j'ai couru à ma chambre et j'ai claqué la porte. Si elle savait à quel point elle a mal choisi son moment pour me tomber sur la tomate ! Grrrr !

P.-S. Ma mère était vraiment plus cool quand elle avait un chum…

20 h 12

Poème
Mon amie pour la vie

Tu étais mon amie
Nous sommes maintenant désunies
Je voudrais te parler
Mais tu ne veux pas m'écouter

Reste-t-il quelque chose de notre amitié ?
Ou tout s'est-il effacé ?
Sommes-nous devenues des inconnues ?
Notre amitié est-elle à jamais perdue ?

J'ai peur qu'entre nous un malaise s'installe
Et que ce ne soit plus jamais pareil
Vivre l'une sans l'autre nous fait du mal
Mais nous continuons à faire la sourde oreille

Qui, en fait, a raison ?
Cela sert à quoi de nous poser cette question ?
Est-ce que ça changera quelque chose, au fond ?
J'espère simplement qu'un jour nous nous reviendrons

Samedi 7 avril

Le café m'énerve au plus haut point. Je n'en boirai jamais ! Ça rend les gens verbomoteurs… et lents ! Que ce soit au déjeuner ou au souper, les gens (adultes) qui en boivent considèrent leur ingestion de café comme le moment le plus zen de leur journée ! En plus, boire du café semble interminable ! (Peut-on m'expliquer comment ça peut être si long de boire un liquide qui tient dans un si petit contenant ?)

On a soupé chez mes grands-parents Charbonneau et, au moment du café, où chacun sirotait le sien comme si ma grand-mère ne pouvait plus jamais en refaire une fois que les tasses seraient finies, mes grands-parents n'arrêtaient pas de harceler ma mère de questions sur sa rupture avec François. « Mais il était si gentil ! Si avenant ! Et ta job ? Qu'est-ce que tu vas faire ? »

Ma tante Loulou et son mari ne disaient rien pendant l'interrogatoire et, pendant ce temps, je jouais avec mon petit cousin William. (Maintenant que je suis une experte en gardiennage, m'occuper des enfants me confère un certain statut de fille responsable et m'évite des questions sur ma vie auxquelles je n'ai pas du tout envie de répondre.)

J'aurais eu envie d'inviter ma mère à jouer avec nous. La pauvre avait les épaules toutes recourbées et ne semblait pas du tout à l'aise, elle non plus, de répondre à toutes ces questions. Sachant ce qu'elle vivait, réellement, parce qu'elle me l'a confié, j'avais envie de crier à sa famille de la laisser tranquille. Mais je sais qu'elle m'en aurait voulu.

J'ai donc eu une idée : faire un spectacle ! J'ai proposé à William qu'on présente une chanson (chantée par lui, mise en scène par moi). Je lui ai demandé de chanter *Au clair de la lune.*

19 h 57

Mon idée a créé une diversion. Après la chanson, tout le monde a pris ce qui semblait être la dernière gorgée de café et ma grand-mère a commencé à desservir la table.

20 h 34

Ah ! mon Dieu ! Après le café, en deuxième position des choses interminaaaaables, nous retrouvons les conversations de bord de porte avant le départ. C'est teeeeeellement loooooong ! Mes grands-parents insistent pour qu'on aille faire un tour à leur camping cet été. Ma mère n'a pas dit non. ELLE N'A PAS DIT NON ! (Angoisse totale : je déteste le camping.) Ensuite, ils se sont trouvé un autre sujet de conversation, alors nous sommes là, tout habillées chaudement à cause de l'hiver qui ne finit pas, sur le bord de la porte, et ma mère, ma tante et ma grand-mère discutent. Je vois que ma mère a la main sur la poignée de porte, mais elle ne l'ouvre pas.

22 h 23

Je croyais qu'on n'y arriverait jamais, mais nous sommes finalement revenues à la maison. Et ma mère est allée se coucher.

22 h 31

J'ai parfois l'impression que ma mère et moi vivons sur deux planètes complètement différentes. Elle vit ses émotions à fond, aux yeux de tous, tandis que moi je préfère, disons, la discrétion.

Après la mort de mon père, je me souviens que ma mère éclatait en sanglots n'importe où, devant n'importe quoi lui rappelant mon père. J'avais honte. Je tentais de penser à autre chose pour me rendre invisible aux yeux du reste du monde.

Et quand elle a mal, j'ai mal, comme si nous étions liées par quelque chose de plus fort que notre sang. Comme si son mal était ancré en moi.

Et parfois, je me dis que si elle n'était jamais triste, je n'aurais pas deux tristesses à gérer, mais seulement une, la mienne.

Dimanche 8 avril

Pâques!!!!!

10 h 27

Conversation (résumée) au téléphone avec ma grand-mère Laflamme:

Ma grand-mère: T'as reçu mon gros chocolat?

Moi: Oui! Il est vraiment plus petit que l'an passé.

Ma grand-mère: Oui, mais c'était avant que je découvre que tu abuses du chocolat.

Moi: Je suis rendue pas pire, tu sauras.

Ma grand-mère: Ah, ma belle fille! L'an passé, à peu près à ce temps-ci de l'année, j'ai appris que tu venais passer l'été chez moi et ça m'a rendue tellement heureuse. Tu sais que tu es la bienvenue quand tu veux, hein ?

Moi : Oui, ma belle grand-maman d'amour.

11 h 43

Conversation (résumée) avec Iohann :

Moi : Ça doit être plate que tu ne puisses pas manger de chocolat à Pâques.

Lui : Pourquoi ?

Moi : À cause des noix.

Lui : Non, mais pourquoi c'est plate ?

Moi : Ben… parce que c'est tellement bon, du chocolat.

Lui : Bof… Pas tant que ça.

Argh ! C'est définitif : lui et moi = pas un match. (Mais bon, je ne suis quand même pas pour le laisser à Pâques !)

18 h

Ma mère et moi avons regardé un film ensemble cet après-midi et soupé en tête à tête. Elle a fait cuire du jambon. (Il était un peu sec, mais je n'ai rien dit.)

Nous avons parlé de tout et de rien. Je lui ai fait des blagues. Elle a ri, surtout à cause de Sybil qui nous regardait avec un air piteux pour qu'on lui donne du jambon. (Si elle savait à quel point elle ne manque rien !) Je crois que Sybil s'ennuie de François, vu qu'il lui donnait de la nourriture de table.

18 h 30

Je me sens un peu coupable. C'est moi qui n'aimais pas François (avant) et qui chialais souvent. Peut-être que mon air bête a causé leur rupture. Ma mère aura sans doute pensé que je ne l'aimais pas et n'a pas voulu me l'imposer, vu que j'ai perdu mon père. Son geste de rupture aurait donc été un élan de générosité envers moi, pour me faciliter la vie?

Après avoir mastiqué ma dernière bouchée de jambon sec, je dis:

– T'sais, je l'aimais beaucoup François. Ça m'a pris du temps, mais... Il était cool.

Ma mère: Oui, vous aviez une belle complicité. Lui aussi t'aimait beaucoup. Tu veux encore du jambon?

Moi: Qu'est-ce que tu vas faire maintenant?

Ma mère: Ben... si on a fini, la vaisselle sûrement. Après, je vais peut-être lire un peu.

Moi: Non, je veux dire, dans la vie, comme job?

Ma mère: Je vis l'instant présent. Ça ne t'intéresse pas, ce que je fais maintenant?

Et elle me fait un clin d'œil. Et je pince les lèvres.

Lundi 9 avril

Miss Magazine

COMMENT LUI DIRE QUE C'EST FINI ?

Vous deux, ç'a été une histoire d'amour incroyable ! Au début, tu avais des papillons dans le ventre, tu te sentais survoltée, et tu avais carrément l'impression d'avoir rencontré ton âme sœur. Puis, plus le temps passe, plus tu découvres que les papillons se sont envolés pour laisser place à un malaise. Même si tu aimes bien ton chum, tu n'es peut-être plus amoureuse de lui. Comment lui dire que c'est fini ? Voici un petit guide.

LA BONNE DÉCISION

Si tu n'es plus bien dans ta relation, pour toutes sortes de raisons, il est peut-être temps d'y mettre un terme. L'une des choses qui nous empêchent parfois d'être capable de faire le geste définitif de casser, c'est qu'on a peur de faire de la peine à l'autre. Même si tu ne ressens plus de sentiment amoureux, tu as quand même de l'affection pour l'autre et tu ne veux pas le voir souffrir. C'est souvent cette peur qui nous pousse à étirer une relation qui, au fond, est terminée. Mais si la relation est terminée et que tu la poursuis sans qu'il y ait d'amour, cela peut te rendre très malheureuse. Il est important d'être honnête avec toi-même et avec tes sentiments afin de prendre la décision qui te fera te sentir bien.

EST-CE FINI ? DES SIGNES QUI NE TROMPENT PAS...

- Vous vous chicanez de plus en plus souvent.
- Tu as des doutes sur ton amour pour lui.
- Tu tripes sur un autre gars.
- Tu as découvert qu'il tripe sur une autre fille.
- Tu trouves absolument insupportables certaines de ses petites habitudes, qui te faisaient pourtant craquer au début de votre relation.
- Tu sens qu'il veut tout changer chez toi.
- Tu aurais envie de tout changer chez lui.
- Tu le vois davantage comme un ami.

LA BONNE MÉTHODE

Il n'y a pas de bonne façon de dire à quelqu'un que c'est terminé. Tu dois seulement essayer d'être le plus honnête possible, sans blesser l'autre. Oui, c'est un mauvais moment à passer, mais, que tu repousses ce moment ou non, ça ne changera pas cette situation difficile que tu auras à vivre. Idéalement, essaie de choisir un endroit où vous serez en tête en tête, loin de vos amis, et où vous pourrez avoir assez d'intimité pour discuter. Essaie de ne pas lui faire de reproches, mais de parler davantage de ce qui a changé chez toi. C'est ton sentiment qui a changé à son égard, c'est tout. Ce n'est pas ta faute ni la sienne. Les reproches ne servent donc à rien, surtout si, pour toi, la décision est irrévocable.

UN PEU DE COURAGE !

Certaines personnes sont mal à l'aise d'avoir à annoncer une mauvaise nouvelle à quelqu'un et tenteront de faire en sorte que l'autre « ressente » que c'est fini pour éviter d'avoir à prendre elles-mêmes une décision. D'autres personnes vont en parler à tous leurs amis, espérant que leur chum l'apprenne et que l'abcès soit ainsi crevé. Ce genre de situation n'est pas souhaitable et dénote un manque de courage. Si c'est terminé, il est préférable, pour toi comme pour l'autre, que vous en parliez directement.

RETOUR ENSEMBLE POSSIBLE ?

Si tu casses en espérant qu'une situation problématique entre vous change, ce n'est peut-être pas une bonne solution. Tu risques d'être déçue. Si ton chum fait quelque chose qui ne te plaît pas, mais que tu l'aimes encore, tu peux lui parler de la situation et proposer des solutions. Tout ça, bien sûr, sans porter d'accusation, mais en expliquant comment la situation te rend malheureuse. Si tu vois que ton chum a une ouverture pour tenter d'améliorer la situation et que vous trouvez tous les deux votre compte là-dedans, vous avez le droit de vous donner une autre chance et vous déterminerez ensemble si vos défauts sont compatibles ou non.

EST-CE POSSIBLE DE RESTER AMI AVEC SON EX ?

Il y a des couples pour qui l'amitié post-rupture est une très bonne chose. Souvent, ces gens se sont rendu compte qu'ils étaient plus amis qu'amoureux. Mais certaines personnes décident de rester amies pour éviter d'avoir à vivre leur deuil. Si tu n'es pas prête à entendre parler de ses futures fréquentations, sois honnête avec toi-même. Il est préférable que vous coupiez définitivement les ponts.

EX, FUTUR, EX...

Certaines flammes renaissent des cendres. Certains ex-amoureux, ayant pris du recul, retombent amoureux et décident de reprendre. Ils ont tous les deux fait le point sur leurs erreurs passées et sont prêts à aller de l'avant dans une relation, version nouvelle et améliorée. Avant de reprendre avec ton ex, pose-toi la question suivante : est-ce bien ce que tu désires ? Car même en ayant fait un cheminement chacun de votre côté, une fois ensemble, vos anciens problèmes risquent de ressurgir et tout sera à recommencer.

Attention : Être la personne qui initie la rupture ne signifie pas que tu seras exempte de tristesse. La personne te manquera, sans doute. Et tu auras aussi à vivre le deuil de cette relation pendant laquelle tu as quand même vécu de bons moments. Sois forte !

Mardi 10 avril

C'est aujourd'hui. Aujourd'hui que je laisse Iohann. Après l'école. Mon plan est de lui proposer de marcher seulement tous les deux, même si habituellement on marche avec toute sa gang. Et je vais le lui dire, simplement.

17 h 01

Franchement, tout s'est extrêmement bien passé. Et rapidement. Comme un éclair. Peut-être que Iohann est vraiment orgueilleux (vraiment pas comme moi avec Nicolas), car il ne m'a demandé pratiquement aucune explication. Je lui ai simplement dit que je l'aimais beaucoup, mais peut-être plus comme un ami que comme un amoureux, et que je ne sentais pas qu'on pouvait continuer plus loin. Il m'a répondu qu'il comprenait, qu'il commençait à se sentir lui aussi dans le même état (même si je le laissais, ça m'a tout de même fait un choc). On s'est serrés dans nos bras et nous sommes partis chacun de notre côté.

17 h 15

En arrivant chez moi, je n'avais aucun courriel. Et j'ai fait mes devoirs.

17 h 30

Je ne comprends pas du tout pourquoi je me sens un peu tristounette. C'était ma décision, après tout. Je crois que je trouve difficile de perdre des gens que j'aime. (Difficulté à faire des deuils, totalement imputable aux gènes transmis par ma mère.)

18 h 10

Dans l'ascenseur qui me mène jusqu'au seizième étage, je réfléchis à ce que je vais dire, sur fond musical (qui me donne envie de claquer des doigts, totalement malgré moi, car la musique est poche solide).

18 h 11

La porte de l'ascenseur s'est ouverte sur un « ding ! ».

La réceptionniste me salue (je suis très connue ici maintenant) et je me dirige jusqu'au bureau de François. Avant de venir ici, je l'ai appelé, car je voulais le voir, et il m'a dit qu'il était encore au travail.

18 h 12

Son bureau est un vrai bordel et il semble concentré sur une tâche. Il lève finalement la tête pour constater ma présence.

Il se lève et vient m'embrasser sur les joues (ce qui me rend un peu mal à l'aise).

Je m'assois sur une chaise face à son bureau, je mets mon sac sur mes genoux et je lance :

– Faut pas que tu te fies à ma mère.

François : Dans quel sens ?

Moi : Je pense que c'est un peu ma faute si elle t'a laissé.

François : Mais non, voyons !

Moi : Oui… au début… je t'aimais pas vraiment…

François: Je te jure que ce n'est pas toi qui as causé notre séparation. Ta mère… n'est pas prête à s'engager. Je me bats… contre un fantôme.

Moi: Mon père…

François: Ou son souvenir. On idéalise toujours le passé.

Sa remarque me pique.

Moi: On n'idéalise pas mon père.

François: Ce n'est pas ce que je veux dire. Ta mère… a beaucoup de blessures.

Moi: Elle est super forte. Elle a juste de la difficulté à oublier. C'est dur, oublier. En même temps, quand on commence à oublier, on se sent coupable d'oublier. Quand on aime quelqu'un d'autre, qui pourrait prendre la place de la personne qu'on est en train d'oublier, on se sent coupable de ça aussi.

François: Je ne veux pas prendre sa place.

Moi: T'es la seule personne qui a fait briller ses yeux depuis qu'il est parti. Je le sais, qu'elle t'aime. Je sais que les gars, vous ne croyez pas aux comédies romantiques et tout. Mais des fois, quand vous dites la bonne chose au bon moment, ça nous charme, nous, les femmes.

François: Vous, les femmes?

On rit et il demande:

– Alors, qu'est-ce que tu lui dirais, à ma place?

Moi: Ce que je dirais? Je dirais à ma mère d'arrêter de faire son bébé lala. Parce que le drame, elle s'y connaît. Elle le prolonge comme son café. Mais moi, je suis sa fille. Je n'ai pas d'espoir «romantique». Si tu l'aimes encore, t'as juste à lui dire… d'une façon romantique.

François : Comme ça, ça ne fait pas ton affaire que je ne sois plus dans le décor ?

Moi : Bof… J'ai un peu plus la paix quand t'es là. Bon, faut que je te laisse, je garde ce soir.

J'ai fait un sourire en coin et je suis partie. Puis, alors que j'attendais l'ascenseur, il est sorti de son bureau et m'a lancé :

– Tu veux une job de réceptionniste cet été, pendant les vacances de Mireille ?

Mireille, la réceptionniste, me regarde.

Moi : Pis être pognée avec toi et ma mère tout le temps ? Non merci.

Mireille regarde François.

François : Qu'est-ce qui te dit que ta mère va accepter de retravailler ici ?

L'ascenseur fait « ding ! » et les portes s'ouvrent. Mireille me regarde. J'entre et je retiens la porte pour dire :

– J'ai confiance en toi.

Mercredi 11 avril

Iohann et Frédérique ont repris. C'est la rumeur qui court à l'école. Ça n'a pas pris de temps. Aussitôt que Frédérique a appris la nouvelle de notre rupture, elle a avoué son amour à Iohann et, bang, ils ont repris.

Elle est venue me voir ce midi et m'a dit :

– J'espère que tu ne m'en veux pas… et qu'on va rester amies.

J'ai répondu ceci (et j'en suis encore gênée) :

– Ben non ! Euh… pas non, on ne restera pas amies, je veux dire, non, je t'en veux pas. Moi et Iohann, ç'a juste été quelque chose de… menstruel. Mensuel ! Je voulais dire mensuel ! Dans le sens que ça n'a duré que trois mois. Trimenstruel. Voyons, tri*mensuel* ! Mensuel. Ben… en tout cas, je vous souhaite… de belles retrouvailles.

Elle m'a serrée dans ses bras et elle est partie.

Tommy était à côté de moi et hochait la tête de découragement.

Il est le seul avec qui je peux manger le midi. Kat et Jean-Félix mangent ensemble. Je les ai vus, ce midi. Jean-Félix portait un chapeau. Il est de plus en plus dandy. Ça jure un peu avec le look de Kat, je trouve. Mais ils sont charmants. Ils mangeaient et discutaient. Elle a l'air heureuse. Elle m'a peut-être même oubliée.

Tommy : Franchement, Aurélie ! Elle ne peut pas t'oublier alors que t'es dans sa face dans tous vos cours ! T'es drôle, toi.

Moi : Oubliée en tant qu'*amie*. Drôle ? Moi ?

Tommy : *Drama queen, oui !* Kat s'ennuie de toi autant que tu t'ennuies d'elle. Vous êtes tellement orgueilleuses. Vraiment, les filles, vous êtes tellement bébés !

Pfff ! Qu'est-ce qu'il connaît là-dedans, lui, monsieur je-passe-ma-vie-dans-mon-sous-sol ?

Vendredi 13 avril

Je suis allée chez Tommy après l'école. Il pleuvait vraiment beaucoup. Une pluie qui fait fondre la neige et qui commence à permettre à l'odeur de la terre d'émaner.

Noah et Charlotte, le demi-frère et la demi-sœur de Tommy, regardaient la télé quand nous sommes arrivés. Lynne, la belle-mère de Tommy nous a demandé si nous voulions du chocolat chaud, car nous étions trempés. Elle m'a même suggéré d'aller me changer chez moi, car elle a peur que j'attrape la grippe. Mais j'ai envie d'être avec Tommy. Pas vraiment d'être chez moi. Noah et Charlotte ont crié qu'ils voulaient un chocolat chaud aussi. Lynne nous a regardés et a dit, avec un sourire :

– Bon, je le savais. Pas le choix.

17 h 14

Pendant que j'allais porter leur chocolat chaud à Noah et Charlotte, on a entendu un immense grondement. C'était le tonnerre. J'ai sursauté. Charlotte s'est mise à pleurer. Et Noah a dit :

– C'est le bruit d'un moteur qui part.

Et Charlotte a arrêté de pleurer.

Puis, au moment où je lui tendais son chocolat, Noah s'est penché vers mon oreille et m'a dit :

– Ma sœur a peur du tonnerre.

Moi : Noah, t'es un génie.

17 h 15

J'attrape mon manteau et je salue la famille de Tommy qui me dit :

– Tu t'en vas ? Mais pourquoi ? T'as même pas bu ton chocolat… Toi, Aurélie Laflamme, tu vas refuser du chocolat ?

Oups, c'est un fait.

Je prends ma tasse et je cale le chocolat chaud. Ce qui me brûle la langue.

Moi : Outsssshhh.

Et je cours jusque chez moi.

17 h 30

Ma mère est assise à la table de la cuisine. Elle porte ses lunettes et tape sur une calculatrice. Elle semble surexcitée et dit :

– Depuis que tu ne vas plus dans une école privée, on économise énormément d'argent. Je suis en train de nous calculer un petit budget de vacances. Je me suis dit qu'on pourrait partir ensemble, cet été.

Moi : Maman, j'ai quelque chose de vraiment important à te dire.

Ma mère : Ah non ! Tu vas pas couler ton année ? ! ? ! !

Moi : T'es vraiment, vraiment *rushante*. Ç'a pas rapport pantoute, ton affaire ! OK, mes notes ont baissé depuis le début de l'année, mais je vais m'en sortir, pis de toute façon, c'est hors sujet.

Ma mère : Euh…

Moi : R'garde, je trouve juste ça… genre, nono, que t'aies laissé François. Et il fallait que je te le dise. C'est tout.

Ma mère : Ça ne marchait pas, lui et moi. Voyons, Aurélie, ce sont des affaires d'adultes, tu ne vas pas commencer à faire mon procès toi aussi. Surtout quand j'essaie de nous organiser de belles vacances ! Ça ne marchait pas, François et moi.

Moi : Maman, on est là-dedans depuis trop longtemps. Je voudrais juste qu'on s'invente une belle image dans laquelle on garderait le souvenir de papa et que… on passe à autre chose. On ne peut pas avoir de la peine toute notre vie. Papa ne voudrait pas ça.

Ma mère (avec des rougeurs dans le cou) : Tu ne sais pas c'est quoi, être une adulte, payer des comptes, avoir des responsabilités.

Moi : Ben… Je me sens responsable… de toi.

20 h

Je comprends maintenant pourquoi j'avais toujours repoussé ce genre de discussion avec ma mère. Elle a pleuré toute la soirée dans sa chambre.

À l'avenir : M'en tenir au mutisme. M'en souvenir.

Lundi 16 avril

Zzzzzzzzzzzzzzzzzzzzzzzzzzzzzzzouiiiiiiiiiiii iiiiiiiiiiiiiiiiiiiiii.

Voici le bruit de l'instrument de torture servant à faire un plombage dans une dent cariée.

C'est confirmé: l'avancement technologique n'est pas très rapide dans le domaine dentaire. De nos jours, on réussit à construire des voitures moins bruyantes, mais pas des instruments de dentiste. Vraiment, les chercheurs du domaine dentaire ne sont vraiment pas vites. Tsss!

Heureusement, l'avantage, c'est que je manque un avant-midi d'école pour ça.

Hygiéniste dentaire (pendant que je grimace de douleur): Tu ne me sembles pas avoir suivi mes conseils pour la soie dentaire. Ça se peut que tu aies à subir ce traitement assez souvent.

Si elle savait à quel point j'ai eu un horaire chargé, ces derniers mois! Elle ne passerait pas ce commentaire, c'est sûr. Tout a passé comme un éclair. Zou! On dirait que ma dernière visite remonte à hier. Alors, la soie dentaire a vraiment été le dernier de mes soucis, bien honnêtement. (Je l'ai quand même passée quelques fois, je ne suis pas totale dégueu quand même! C'est juste que je ne l'ai pas passée *aussi* souvent qu'elle me l'avait recommandé. Beaucoup trop de choses en tête.)

13 h

Quand ma mère a refusé que je prenne mon après-midi «parce qu'un plombage ne justifie pas un congé», elle n'a pas du tout réfléchi. J'avais pourtant lancé cet argument pertinent:

– La mère de Rory, dans *Gilmore Girls*, voudrait, elle!

Elle n'avait certainement pas prévu que j'aurais la bouche toute gelée, la joue gonflée, que je croiserais mon ex (Iohann) et qu'il me dirait:

– Qu'est-ce qui est arrivé à ta joue?

Moi (en me forçant pour ne pas me mordre la langue parce que je ne la sens pas, étant donné l'anesthésie): Plombage.

Iohann: Non, je voulais dire ça.

Il s'est penché et a embrassé ma joue gonflée, puis il a ajouté:

– J'espère qu'on va rester amis.

Moi: Moi aussi…

Et là, j'ai souri (je me suis même forcée), mais un seul côté de ma bouche est monté et l'autre est resté en place, ce qui a énormément fait rire Iohann.

*&?%$#@!

Pas moyen de vivre des choses normales, niveau dignité humaine.

Vendredi 20 avril

Bonne nouvelle!!!!!!!!!

Mon intervention a fonctionné!

Ma mère est revenue avec François! (Mais elle n'a pas repris sa job, car elle s'en est trouvé une meilleure dans une autre compagnie, toujours dans son domaine, le marketing!)

Elle ne voulait pas seulement être la blonde du boss. Maintenant, elle travaille dans une entreprise où elle pourrait elle-même rêver de devenir boss.

Cool!

Et leurs retrouvailles ont été hyyyyyyper romantiques!

Ils me racontent ça, au resto (un super bon resto très chic). Ils m'ont même permis de prendre un peu de vin avec eux. Du vin rouge. C'est bon. Même si ça me fait un peu tourner la tête, comme chaque fois qu'on me donne cette permission.

Bon, voilà. Alors, François a rappelé ma mère plusieurs fois, mais elle ne le rappelait pas.

Elle a finalement accepté de lui parler quand elle a trouvé son nouvel emploi. C'est ce qu'elle voulait, pour être forte.

Puis, ils sont allés souper. Et François lui a dit plein de choses du genre qu'il ne voulait pas remplacer mon père, qu'il voulait qu'ils trouvent leur histoire à eux et qu'il ne lui demandait même pas l'éternité et qu'une fois tout le monde au paradis, elle pourrait retourner avec mon père si elle voulait (ce qui a charmé ma mère, même si elle ne croit pas au paradis). Mais que, ici, dans le monde des *vivants*, il aimerait qu'elle le choisisse, lui.

Ce à quoi elle n'a pu résister, évidemment.

Ils étaient assis sur la banquette, devant moi. François entourait les épaules de ma mère qui le regardait avec des yeux brillants.

Trop. *Cute*.

Je me félicite intérieurement de mes talents de cupidon.

Ma mère a ajouté que, dans son discours, François a dit qu'il m'aimait beaucoup moi aussi, et qu'on pourrait former, disons, une famille.

Euh… Wo???!!!???!!!! Famille??? Les nerfs!!!!

Soudain, les yeux brillants de ma mère me terrifient.

19 h 51

J'ai regardé ma montre. Et c'est à cette heure précise que la nouvelle est tombée.

Ma mère et François veulent s'acheter une maison. Ensemble. Avec moi, bien évidemment. Parce qu'ils ne s'achèteront pas une maison ensemble pendant que moi, je vivrai une vie paisible dans mon ancienne maison. Parce que je suis mineure. Et parce que je suis obligée de vivre avec ma mère. Et avec lui. Dans une nouvelle maison.

Oui, allô, 911? Bonjour, j'aimerais rapporter un cas de folie, ma mère a disjoncté. Officiellement.

Ma mère: Mais tu n'as pas à t'inquiéter pour ton école. On cherche dans le quartier.

On en a même vu une hier qui nous plaît. Et c'est à deux rues.

À deux rues de ma vraie maison. À deux rues de la maison de mon enfance. À deux rues de chez Tommy.

Note à moi-même : Vérifier dans la mythologie si, lorsque Cupidon lance ses flèches, elles ont un effet boomerang et reviennent lui péter dans la face. Sinon, me placer dans une catégorie de cupidons défectueux.

Ma mère (plus sérieuse, après une longue pause) : J'ai beaucoup réfléchi à ce que tu m'as dit, l'autre jour. J'ai fortement réagi, mais tu avais raison. C'est vrai qu'il faut qu'on s'en sorte. Et j'ai trouvé l'image dans laquelle j'aimerais me souvenir de ton père. Dans la maison où on vit présentement ! Là, on vit dans nos souvenirs. Ce n'est pas sain.

Je voudrais lui donner comme argument qu'elle peut l'imaginer dans la maison sans être obligée de déménager ! Franchement ! Quelle idée ? ! ? ! ! En plus, il y aurait de la place pour François dans notre maison à nous (genre au sous-sol). Mais aucune parole ne sort de ma bouche.

Ma mère : J'ai mal réagi l'autre jour. Mais tu as raison. Sur toute la ligne. L'an dernier, on a tout repeint, mais ça ne change rien. On va vivre une nouvelle vie. On va se donner une vraie chance. Je fais ça pour nous.

Moi : Mais… qu'est-ce que vous allez faire… pour les toasts ?

Ma mère rit, et François l'imite. Je suis incapable de faire de même, car je ne trouve pas ça drôle du tout (et je réalise à quel point j'avais sous-estimé le dilemme des toasts quand j'ai voulu qu'ils reviennent ensemble. Non mais, c'est vrai, toujours, chaque matin, réajuster le niveau de grillage, ça va finir par nous énerver au plus haut point, ma mère et moi). En les regardant rire, j'ai l'impression d'être un bloc de ciment figé sur ma chaise et de sentir des aiguilles me sortir par les pores de la peau.

Le serveur arrive avec les desserts. Il les dépose tour à tour devant chacun de nous.

Moi (en le regardant, un peu surprise): Euh… j'avais demandé un gâteau au chocolat.

Le serveur: Oui, c'est bien ça.

Moi: Non. Ça, c'est une *mousse* au chocolat.

Le serveur: C'est un gâteau mousse.

Moi: Dans le menu, c'est écrit « gâteau au chocolat ». Pas « gâteau mousse ». Une mousse, mise dans un moule à gâteau pour que lorsqu'on le coupe ça ait l'air d'un gâteau, mais que finalement c'est une mousse coupée en gâteau, c'est une mousse pareil et pas un gâteau!

Ma mère: Voyons, Aurélie, ce n'est pas grave…

Le serveur: Voulez-vous annuler votre commande?

Moi: Je veux un gâteau, un vrai.

Le serveur: On a juste… des mousses.

Ma mère: C'est correct, on va prendre ça.

Moi: T'as déjà une tarte au sucre. Et c'est une vraie tarte au sucre. Avec de la pâte! Ce n'est pas juste du sucre coupé en pointe de tarte et que ça se fait passer pour une tarte sans en être une !

Ma mère (plus bas) : Voyons, sois polie…

Moi : Je ne veux pas ce gâteau-là ! Et vous devriez l'écrire dans votre menu, parce que c'est de la fausse représentation solide, votre affaire de gâteau ! Un gâteau, c'est fait avec de la farine. De. La. Farine.

Ma mère (vers le serveur) : Excusez-la. On lui a permis de boire du vin et elle n'en boit pas souvent. Elle doit être un peu pompette.

François (en regardant le menu) : Je trouve qu'elle a raison. C'est mal indiqué dans le menu.

Coudonc, lui ! Toujours le bon mot pour être charmant ! Si je n'étais pas si pompée, je lui crierais quelque chose de vraiment pertinent.

Samedi 21 avril

Partir. Chez ma grand-mère. La seule solution possible à mon problème. Qu'est-ce qui me retient ici, de toute façon ? Nicolas ne me parle plus, et c'est rendu que ça me gêne d'aller à l'école et de risquer de le croiser. Kat et moi, c'est complètement du passé. Mes nouveaux amis n'étaient que des amis dans le temps que je sortais avec Iohann. Et même si tout le monde me dit : « On restera amis », ce sont seulement des paroles lancées comme ça, en guise de politesse. Ils n'aiment pas les gens qui ne sont pas dans leur gang, et ils se dénigrent même entre eux ! Et il faudrait en plus que je déménage ? Vraiment, rien ne me retient ici. Rien. Je vais commencer une nouvelle vie. Changer d'école n'a plus de secrets pour moi. Et je vais au moins déménager quelque part où a vécu mon père. Franchement, quelle idée de penser que, si on change de maison, on effacera notre peine ! Vraiment, ma mère et ses idées ! Tsss !

16 h

Bon, je ne veux inquiéter personne. C'est seulement une décision de vie. Réfléchie. Mûrie. Je ne veux pas partir en sauvage/kamikaze sans rien dire. Des plans pour que ma mère appelle la police et que je me retrouve à la une des journaux. Très peu pour moi. (De toute façon, je suis très peu photogénique.) Je vais leur expliquer clairement les raisons de mon départ et leur dire où je vais dans une lettre, ce qui les rassurera énormément.

« Salut maman, salut François,

Le déménagement : vraiment pas.

Je m'en vais vivre chez grand-maman Laflamme.

Vous m'appellerez pour me communiquer votre nouvelle adresse (ce sera pratique pour que je vienne chercher le reste de mes affaires).

Je vous souhaite d'être heureux,

Aurélie

xxx »

16 h 13

Au début, je voulais écrire « adieu », mais je me disais que ça faisait peut-être un peu trop dramatique. Après tout, je ne veux pas ne plus les voir. Je ne veux simplement pas les suivre dans cette décision qu'ils ont prise sans me consulter. J'ai le droit de choisir, moi aussi. Choisir de partir. Loin. Quelque part où je serai avec quelqu'un qui m'aime vraiment. Qui veut vraiment de moi. Dans une maison où mon père a vécu. Puisque celle où je vis présentement appartiendra à quelqu'un d'autre. À une autre famille. Et que je serai obligée d'aller vivre quelque part où mon père n'est incarné nulle part.

Pendant que ma mère et François sont partis visiter des maisons, j'ai donc pris Sybil, mon *scrapbook*, quelques vêtements et l'argent que j'ai gagné en gardant, et je me suis payé un billet d'autobus, direction chez ma grand-mère. Je ne l'ai pas appelée avant. Trop peur qu'elle m'en empêche ou qu'elle avertisse ma mère.

18 h 04

J'étais aux toilettes dans l'autobus, une pièce vraiment exiguë (cette information ne serait absolument pas pertinente s'il n'était pas arrivé ce qui est arrivé) lorsque mon cellulaire a sonné. Je me suis levée du banc pour attraper mon téléphone, qui était dans mon sac, et j'ai cherché le bouton de la chasse d'eau en tentant de répondre. J'ai trouvé et j'ai appuyé sur le bouton lorsque, au même moment, le téléphone m'a glissé des mains et est tombé dans le trou de la toilette chimique pendant que la puissante chasse d'eau l'engloutissait.

Oups.

Merde ! Merde ! Merde ! Merde !

JE NE SUIS CAPABLE DE RIEN FAIRE COMME TOUT LE MONDE, MOI ? ! !

20 h et des poussières

Je trace avec mon doigt les lettres composant le prénom de mon père sur sa tombe.

Je fais ce geste de façon répétitive depuis au moins une heure, assise sur un petit banc que ma grand-mère m'a prêté. Parce que la terre est toute mouillée.

Ma grand-mère était assez surprise de me voir arriver.

Je lui ai demandé si je pouvais venir habiter ici. Je lui ai parlé du déménagement. De mon année scolaire. De mes nouveaux amis. De ma bouche qui a bougé avec Nicolas. De ma rupture avec Iohann, un bon gars avec qui je n'imaginais aucun avenir. De ma mère et de François. De Kat.

Je lui ai dit à quel point je me sentais poche.

Elle m'a écoutée, puis, calmement, elle a dit quelque chose comme :

– À mes yeux, tu es une superbe jeune fille. Tu es une personne sensible… C'est ta force, mais aussi ta faiblesse. Parce que tu te laisses atteindre par les autres, leurs humeurs, leurs désirs, et même ce que tu estimes être leur impression de toi. Il va seulement falloir que tu t'assumes. Et que tu t'exprimes ! Tu ne peux pas te sauver chaque fois que quelque chose ne fait pas ton affaire.

J'ai arrêté d'écouter à ce moment. Je n'étais pas d'humeur pour un sermon. Parce que j'avais besoin d'aller voir la tombe de mon père. Elle m'a laissée partir en m'avertissant qu'elle allait appeler ma mère. Ce à quoi je n'ai réagi que par un haussement d'épaules.

J'avais besoin de venir ici.

Pour la première fois.

Pour pleurer.

Devant lui.

Pour lui.

Et pour lui parler.

Comme je ne lui ai jamais parlé.

Je passe donc mes doigts sur les lettres de son prénom et de son nom, Laflamme, qui est aussi le mien. J'entrouvre la bouche pour lui dire à quel point je m'ennuie de lui. Et à quel point je me sens perdue. Mais l'émotion me bloque la gorge. Et je suis incapable de dire autre chose que:

– Papa…

20 h 32

Je grelotte tout en continuant de tracer les lettres quand j'entends:

– Bon, enfin. T'es là.

Une voix de gars. Je reste, un moment, pétrifiée. Mon père me parle d'outre-tombe?

Moi (en regardant au sol): Papa…?

– Coudonc, t'es revirée sur le top ou quoi?

La voix est un peu trop jeune pour être une voix d'outre-tombe. Je me retourne et ne vois qu'une silhouette dans le noir. Gab?

Le gars arrive près de moi. C'est Tommy. Je souris. Il me pousse pour s'asseoir à côté de moi sur le petit banc.

Moi : Qu'est-ce que tu fais là ?

Tommy : J'ai pensé que… t'aurais besoin d'un ami.

Moi : T'es venu comment ?

Tommy : Avec ta mère. Qu'est-ce que tu pensais ? qu'on allait te laisser partir sans rien faire ?

20 h 37

Après étude (semi) approfondie du sujet.

Tommy : Fait que, si je comprends bien… tu vas déménager ici, loin de tout le monde que t'aimes, mais tu ne veux pas déménager à deux rues de chez toi ?

(Il m'énerve.)

J'ai répondu :

– Ben… je l'aime, ma grand-mère. Elle me comprend. Pis si t'es venu juste pour m'écœurer, tu peux repartir !

Tommy : Ben non, Laf ! Je ne voudrais juste pas que tu partes loin, c'est tout.

20 h 39

J'ai demandé à Tommy pourquoi il trouvait surprenant que je désire partir. Il l'a bien fait, lui. Il a complètement changé de vie en allant habiter chez son père. Il s'est fait de nouveaux amis. Une nouvelle famille. Et il est heureux.

Moi : Qu'est-ce qu'il me reste là-bas ?

Tommy : Ben… moi.

20 h 44

Tommy m'a convaincue de le suivre. Alors, je me suis levée. Et nous sommes restés un moment, face à face.

Puis, il s'est approché de moi. Et il a caressé mes cheveux, avec deux de ses doigts, doucement.

Oh non ! ! Poche, poche, poche ! Il tripe sur moi ! ! ! ! ! ! ! ! ! ! On ne peut jamais avoir un moment de répit dans cette vie ! Il faut toujours qu'une tuile nous tombe sur la tête ! Là, il va m'avouer son amour pour moi. Je vais lui dire que c'est zéro réciproque. Je vais le perdre comme ami et, puisqu'il est maintenant mon seul ami dans l'univers tout entier, je n'aurai plus d'amis. Bravo.

J'aimerais m'enfoncer dans le sol (mais bon, vaudrait mieux pas, ça pourrait s'avérer une expérience très terrorisante, style film d'horreur, vu qu'on est dans un cimetière).

Moi et Tommy ? Mais non ? ? ? ? ! ! ! ! ! ? ? ? ? ? ! ! ! ! ! Impossible ! ! ! ! ! ! ! ! ! ! !

Moi : Tommy, nous deux, ce serait horrible. On se chicane tout le temps. Tu m'énerves, la plupart du temps. J'adore ça quand tu joues de la guitare, mais en même temps, ça me donne toujours l'impression que c'est parce que tu ne m'écoutes pas. Bref, ça marcherait jamais.

Tommy : Qu'est-ce que tu dis là ? T'avais une bibitte dans les cheveux pis je ne voulais pas te le dire pour que tu capotes pas.

Moi (en gesticulant et en m'ébouriffant les cheveux) : AAAAAAAAHHHHHHHH ! ! ! ! ! ! ! UNE BIBITTE??!????? ENLÈVE-LA, ENLÈVE-LA, ENLÈVE-LAAAAAAAAAA ! ! ! ! ! ! ! ! !

Tommy (en me montrant la bibitte et en la jetant par terre) : Tu vois ?

Moi (en le serrant dans mes bras) : Merci, merci ! Scuse, je disais n'importe quoi ! C'est parce que je suis toute mêlée.

Tommy : Tu pensais que… ? Hahahahahaha ! Pfff ! Trop drôle ! Je suis d'accord avec toi, t'sais. Toi aussi, tu m'énerves.

Moi : Ah oui ?

Tommy : Je te trouve pas mal… bébé, des fois. Ta chicane avec Kat. Oh boy !

Moi : C'est eeeeelleeeee !

Tommy (en levant les yeux au ciel) : Faire une fugue…

Moi : C'est pas une fugue quand on écrit où on s'en va !

Tommy : Mais je t'écoute tout le temps, même si je joue de la guitare, t'sais…

Et il me pousse.

Tommy : Espèce de nouille !

On rit en marchant vers la maison de ma grand-mère, où j'aperçois déjà la lumière, et j'appréhende une confrontation avec ma mère. Ce qui m'enlève un peu le goût de rire.

Moi : Tommy, t'es mon meilleur ami… gars.

Lui : Toi aussi, t'es ma meilleure amie, Laf.

21 h 01

On est entrés dans la maison. On a vu ma grand-mère, ma mère et François parler à la table de la cuisine.

Sybil est venue me rejoindre, s'est jetée par terre et a commencé à se rouler sur le sol (elle fait ça, parfois, quand j'entre dans une pièce, ce qui me fait rire).

Ma mère m'a sauté dans les bras. Puis, elle est devenue très colérique (tellement que, pendant l'espace d'un moment, je me suis imaginé en méchoui au-dessus d'un volcan). Elle m'a dit de ne plus faire ça.

Moi : J'avais laissé un mot…

Ma mère : Pourquoi tu ne répondais pas à ton cellulaire ? J'ai essayé de te joindre pendant des heures !

Moi : Je l'ai… perdu…

J'ai cru pendant un instant que ma mère utilisait des techniques de respiration que j'ai moi-même apprises dans les cours de yoga.

Puis, François lui a mis une main sur l'épaule et elle s'est calmée.

Ma grand-mère a pris Sybil dans ses bras et elle a commencé à lui chatouiller le nez, comme elle le fait tout le temps, ce qui m'a fait sourire quand j'ai vu à quel point ma chatte se débattait. Mais ce n'était pas le temps de rire.

Une fois calmée, ma mère m'a dit qu'elle comprenait ma peine concernant le déménagement. Mais qu'elle ne reviendrait pas sur sa décision. Qu'elle croyait sincèrement que c'était la meilleure chose, pas seulement pour elle, mais pour nous. (Je me suis demandé si elle parlait d'elle et moi, ou d'elle et François, ou d'elle, moi et François. Je ne le lui ai pas demandé.)

Ma grand-mère et ma mère ont échangé un regard, puis ma mère m'a dit que, après en avoir parlé avec ma grand-mère, elle acceptait que je vienne habiter ici, après la fin de l'année scolaire seulement. Ma mère m'a dit que, si c'était ce que je désirais vraiment, elle respecterait ma décision. Mais que ce n'est pas ce qu'*elle* souhaitait, parce qu'elle s'ennuierait. Tommy a lancé de loin: « Moi aussi. » Ma grand-mère m'a dit que ça lui ferait plaisir de m'accueillir, même si elle ne croyait pas que c'était une bonne décision de me déraciner comme ça.

Me déraciner. Drôle de choix de mot. J'ai totalement l'impression que c'est ce qui m'arrivera en partant de ma maison, que j'habite depuis que je suis née.

Comme si elle avait compris ma pensée (je me demande si je suis à ce point transparente), ma grand-mère a dit:

– Quand on transplante une plante dans un autre pot, parfois, elle grandit et fait de plus belles fleurs.

Elle et ses métaphores !

Puis, François a dit:

– Je veux juste te dire que, dans la nouvelle maison, il y aura toujours une grande place pour ton père.

Je les ai regardés et j'ai dit que j'allais y réfléchir. (Prendre des décisions rapidement n'est pas un de mes points forts.)

22 h 10

Sur le chemin du retour, on n'a presque pas parlé. Il faut dire que, lorsque ma mère m'a demandé plus de précisions sur la perte de mon cellulaire et que je lui ai raconté que je l'avais échappé dans une toilette d'autobus, ça l'a achevée. Elle a bien précisé que c'était le premier et dernier qu'elle m'achetait.

Tommy et moi, on s'est collés pour écouter la musique de mon iPod, avec chacun un écouteur dans une oreille.

Je caressais Sybil, couchée sur mes genoux.

J'avais un peu honte de ma réaction d'aujourd'hui. Mais je ne le laissais pas trop paraître et j'évitais simplement de croiser le regard de ma mère dans le rétroviseur.

La route de campagne mal éclairée défilait devant nos yeux quand je me suis endormie, la tête sur l'épaule de Tommy.

Dimanche 22 avril

Tant pis si c'est toujours moi qui fais les premiers pas vers elle ! C'est vrai que, cette fois-ci, c'est moi qui l'ai abandonnée au profit d'autres amies. Et qu'elle avait raison sur presque tout.

J'ai recopié mon poème sur du beau papier et je suis allée chez Kat.

14 h 13

Je cogne. Ça ne répond pas.

14 h 14

Il a commencé à pleuvoir. J'entends de la musique à l'intérieur, mais ça ne répond toujours pas. J'essaie d'ouvrir la porte ; elle est déverrouillée.

14 h 15

J'entre et je surprends Kat, qui porte un tuyau de sécheuse sur sa tête, et Julyanne, qui a un chandail kangourou brun sur la sienne. Je demande :

– Qu'est-ce que vous faites ? ! ? ! ! !

Julyanne : On joue à *Star Wars*.

Kat lève les yeux au ciel.

Julyanne ajoute :

– Je suis pognée pour faire Jar Jar Binks.

Kat : Tu voulais jouer à *Star Wars*, ben c'est ça qui arrive ! C'était la condition.

Julyanne : Kat fait la reine Amidala.

Moi : Ah, c'est pour ça, le… tube ?

Julyanne : Je ne voulais pas faire Jar Jar Binks.

Kat : Ton nom commence par J. C'est normal que tu fasses Jar Jar.

Julyanne : Ton nom ne commence pas par A !

Kat : Non, mais moi, ça ne me tentait pas de jouer !

Moi (en pointant le tube avec mon menton) : Pour quelqu'un à qui ça ne tentait pas de jouer, tu t'es donnée à fond.

Julyanne a éclaté de rire, suivie de Kat et de moi.

14 h 17

Je m'avance vers Julyanne et je lui donne un *scrapbook* vide que j'ai apporté, ainsi que des autocollants exprès pour le « *scrapbooking* animalier ».

– Tiens… C'est en souvenir de Caprice. Tu pourras mettre des photos d'elle. Des souvenirs, aussi. Ça m'a vraiment aidée, moi, avec mon père. Je pourrais t'aider si tu veux, j'ai appris quelques trucs.

Julyanne : Wow ! Merci…

Elle lance un regard à Kat. Je baisse la tête, un peu gênée. Puis, Kat dit :

– Merci, Au…

Puis, je lui tends timidement le poème que j'ai écrit en pensant à elle en disant :

– Ça, c'est pour toi.

14 h 23

Kat et moi sommes allées dans sa chambre. Des larmes lui sont montées aux yeux après la lecture de mon poème. Moi aussi. On s'est serrées dans nos bras et j'ai dit (en sanglotant, donc on ne comprenait rien à mon dialecte étrange) :

Moumalamoulaaaaaa !

Et Kat a répondu (en sanglotant aussi, donc dans le même dialecte étrange) :

Moumolomalamoulaaaa !

On a ri un peu, puis, j'ai pris une grande inspiration et j'ai dit :

– Je m'excuse.

Et elle a dit :

– Non, moi, je m'excuse.

Et j'ai dit :

– Non, c'est moi qui ai été poche.

Et elle a dit :

– Non, c'est moi. La vie est trop poche sans toi. Je suis pognée pour jouer à *Star Wars* ! Hier, j'ai essayé de t'appeler, t'as répondu, mais ç'a fait un bruit super bizarre après, fait que j'ai pensé que…

Moi : Oh, c'était toi ? ? ? ! ! ! J'étais dans un autobus et j'ai échappé mon cell dans la toilette…

Elle a semblé soulagée.

Ensuite, on s'est fait une mise à jour de nos vies. Ma rupture avec Iohann. Elle était au courant, grâce à Tommy (qui a été obligé de lui annoncer après qu'elle a aperçu Iohann et Frédérique main dans la main et qu'elle était prête à aller les insulter et même carrément à les battre, hahahaha !). Elle m'a ensuite raconté son histoire avec Jean-Félix. Elle dit que c'est vraiment cool. Que ce n'est pas une « passion » comme avec Truch. Que c'est un amour davantage basé sur une grande amitié. Et qu'elle aime ça, car ils se sentent bien ensemble et partagent une grande complicité. Qu'au fond, c'est son meilleur ami… gars. Elle a ajouté « gars ». (Fiou !) Puis, elle m'a formellement interdit de déménager à l'autre bout du monde. Et je lui ai répondu que je trouvais qu'elle manquait de crédibilité avec son tuyau de sécheuse sur la tête.

On a ri. Aux larmes.

Mardi 24 avril

Tout est redevenu normal.

Kat, JF, Tommy et moi jouons à *Rock Band* dans le sous-sol, chez Tommy. JF est à la batterie,

Kat à la basse, je chante (mal), tandis que Tommy est, bien sûr, à la guitare. Son père est venu nous demander de baisser le son après que j'ai chanté («gueulé» serait un terme plus approprié) *Creep*, de Radiohead. J'avoue que cette chanson, je la sentais particulièrement. Kat rigolait parce que j'avais un méga gros accent. Mais c'est moi qui ai fait la meilleure performance! (Par contre, mes amis m'ont avoué que c'était parce qu'ils étaient déconcentrés, justement à cause de ma performance.)

16 h

On dirait que, ces derniers mois, j'ai vécu la vie de quelqu'un d'autre et que j'ai enfin retrouvé la mienne. Une vie plus, disons, ordinaire. Où il faut que je me force pour mes études. (Parce qu'à un moment j'avais pensé que tout était plus simple et que je réussissais de façon magique, parce que j'avais changé d'école, et que c'était plus facile là-bas.) Où je «*snooze*» mon réveille-matin trente-six fois (tant pis si je n'ai pas le temps de me maquiller, à quoi ça sert à l'école?). Où je dois faire le ménage avant que ma mère (qui ne comprend rien à ce qui se passe dans ma tête, finalement) capote. Où j'ai peur que les profs me posent une question parce que je ne bénéficie plus nécessairement d'un statut qui me permet de faire rire à n'importe quel moment.

Je ne suis pas pour autant anonyme. Parce qu'avec ceux qui m'aiment je peux être complètement moi, c'est-à-dire une fille totalement déconnectée du reste de la planète.